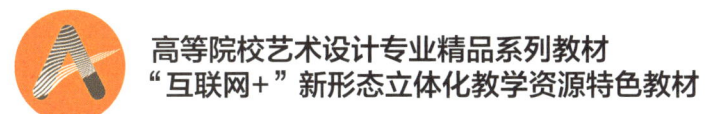

高等院校艺术设计专业精品系列教材
"互联网+"新形态立体化教学资源特色教材

设计色彩
（第二版）

The Design
of Colour
(Second Edition)

张歌明　编著

中国轻工业出版社

图书在版编目（CIP）数据

设计色彩 / 张歌明编著. -- 2版. -- 北京：中国轻工业出版社，2025.4. --（"互联网+"新形态立体化教学资源特色教材）. -- ISBN 978-7-5184-5413-6

Ⅰ. J063

中国国家版本馆CIP数据核字第2025LB2689号

责任编辑：李　红　　责任终审：劳国强　　设计制作：锋尚设计
策划编辑：毛旭林　　责任校对：朱　慧　朱燕春　　责任监印：张　可

出版发行：中国轻工业出版社（北京鲁谷东街5号，邮编：100040）

印　　刷：艺堂印刷（天津）有限公司

经　　销：各地新华书店

版　　次：2025年4月第2版第1次印刷

开　　本：870×1140　1/16　印张：8.75

字　　数：240千字

书　　号：ISBN 978-7-5184-5413-6　定价：59.80元

邮购电话：010-85119873

发行电话：010-85119832　010-85119912

网　　址：http://www.chlip.com.cn

Email: club@chlip.com.cn

版权所有　侵权必究

如发现图书残缺请与我社邮购联系调换

240001J2X201ZBW

前言

撰写《设计色彩》最初的想法是把色彩课教学的理念和训练方法整理出来，除了总结教学之外，更希望能把多年以来积累的优秀作业展示出来，把教学的成果特别是学生们努力的成果呈现在读者面前。

教材分为三个部分，首先讲述色彩反射和形成的基本原理，色彩组织和搭配的一般原则；其次介绍色彩训练的具体步骤和方法，包括题目要求、设置目的、开型数量、时间限定等；最后是从历史的角度看色彩的演进和变化，以及在设计中色彩使用的特点和要求。其中，第一部分和第三部分色彩理论和色彩应用，尽量简明易读、逻辑清楚，第二部分训练方法和优秀作业是教材编写的重点，力求选择最好的作业把主题和形式的关系贴切地表达出来，本次再版更换了全部作业，同时增加了"同学画像"和"视觉盛宴"两个主题的作业，加上其他主题，新的作业案例两百余张。

在教学中，通常把色彩写生作为学习色彩的第一个阶段，面对真实的静物、场面、风景或者人物，写生的重点是把看到的色彩充分表现出来，旨在感受色彩的微妙和丰富，了解颜料的性能、掌握调配色彩的技巧和方法。学习色彩的第二个阶段是设计色彩阶段，重点是理解和认识色彩搭配的基本原理，有目的、有意识地组织和安排色彩，训练如何将思想意图与色彩传达互相对应和吻合起来。无论对于绘画还是设计专业的学生，设计色彩课都是重要和必不可少的，这就如同感性和理性之间的相互依存，写生和设计也应相互支撑、两条腿并行。

如果说素描的优势是用归纳的方法表现自然图像的统一，那么色彩的魅力则在于更加充分地展示出生活的丰富和多姿，素描的单纯是以削弱色彩的丰富性为代价，而色彩的回归则强化了直觉的丰富和敏锐，眼睛无需被束缚，你可以尽情地将看到的一切收纳在画面里，在恣意挥洒色彩的同时也将情绪和感受融入作品中。

党的二十大开启了新的征程，一个绚丽多彩的世界清晰地呈现在眼前，画家和设计师都应该认识到在新理念、新科技、新方法不断涌现的今天，只有仔细观察、认真研究、尽情感受，才能用最美丽、最和谐的色彩将所见、所闻和所想真切和充分地描绘出来。

本教材除了引用诸多古今中外先贤、色彩大师的作品之外，为了提高教材的参考性和说服力，结合教学的进程，引用了清华大学美术学院视觉传达系同学在设计色彩课上的作业，在此向所有提供作业的同学致以最深切和真诚的谢意！希望他们在看到自己的作品时，能够回忆起在学校度过的美好时光，重温设计色彩课上的纠结与快乐。

张歌明

目录

005 第一章
理解色彩设计的基本原则

005　第一节　光线、色彩、眼睛
005　1. 都是光的作用
006　2. 多亏有了三棱镜
006　3. 康斯太勃尔的功绩
008　4. 眼睛的主观性
011　5. 光源不同则基调不同
013　第二节　色调、对比、和谐
013　1. 色调第一
015　2. 学会使用色环
016　3. 明度和纯度
018　4. 同类色的调和相对容易
019　5. 对比色的调和更加困难
022　6. 共同进退的原则
022　7. 所谓"高级灰"

024 第二章
掌握色彩训练的基本方法

024　第一节　写生、概括、拍照
024　1. 写生为本
027　2. 描绘重要，概括更重要
031　3. 学会利用照相机
035　第二节　调式、意图、象征
035　1. 从调式入手
047　2. 从主题或故事入手
058　3. 从象征意义入手
072　第三节　画境、心境、意境
072　1. 色彩的画境
078　2. 用心情改变色彩
084　3. 有意而为的意境

090 第三章
从历史的演进中看色彩的应用和变迁

090　第一节　简单、丰富、单纯
090　1. 原始艺术的魅力
092　2. 衷心感谢印象派
098　3. 回归单纯
103　第二节　情结、心理、累积
103　1. 无法忽视的象征
108　2. 中国人的色彩情结
112　3. 民间艺术的色彩启示
115　第三节　平面、服装、工业和环境设计
115　1. 醒目的平面表现
119　2. 色彩优雅的服装
124　3. 富于质感的工业产品
132　4. 色彩在环境中流动

第一章
理解色彩设计的基本原则

PPT课件

第一节　光线、色彩、眼睛

1. 都是光的作用

光之于我们的视觉，就如同水之于我们的生命。人类之所以能够看到色彩是因为有光的存在，物体之所以呈现出不同的颜色也是因为它们对光的吸收与反射有所不同，当光线照射在物体之上时，不同的材料、肌理和质地对于光的反映都有所不同，一部分光被吸收了，而另一部分光却被反射了出来，我们能够看到的正是那部分光线照射在物体上所显示的不同的色彩，即所谓光与色的视觉效应（图1-1）。当太阳西下、夜幕降临时，色彩缤纷的物体就已经归于一统，都被灰黑色笼罩，甚至伸手不见五指。

毫不夸张地说，生活的丰富美好、缤纷多样绝对有赖于色彩的存在，早晨醒来，每当我们看到从窗外扑洒进来的阳光，那斑斓的色彩就会引发我们对于一天的憧憬和对于未来的遐想……连落日的余晖也能带来神秘、丰富的色彩效果（图1-2）。

图1-1　街道里的色彩

图1-2　傍晚的阳光

2. 多亏有了三棱镜

17世纪60年代，伟大的英国物理学家牛顿完成了一项具有历史意义的光学实验，他用三棱镜来分解光的结构、研究光的物理性质。具体方法是通过细细的门缝将光束引进暗室里，当光线透过三棱镜又折射在白色的幕布上时，却出现了按照赤、橙、黄、绿、青、蓝、紫的顺序排列着的不同颜色，由于色光的折射角度不同形成了这种有趣的变化，每一种颜色的光都有不同的偏折度，这一现象也被称作色散。感谢牛顿和三棱镜，让人们看到光的结构状况以及可以定量的特征和本质（图1-3）。

可见的光以及光与色的分解在生活中比比皆是，例如，雨后的彩虹、水面的浮油、漂浮的肥皂泡等，在一定的条件下都会呈现出五颜六色的视觉效果。虽然绘画和设计专业所涉及的光学内容十分有限，但光线、物体和眼睛的关系仍是我们研究的重点，特别是牛顿的发现和理论让我们认识到物体的色彩并不是一成不变的，固有色的概念只在一定条件下才能够成立（图1-4、图1-5）。

3. 康斯太勃尔的功绩

很明显，牛顿的光学理论对色彩艺术的变化和发展产生了直接和深远的影响，既然固有色并不是永恒不变的，既然光线可以对色彩的形成产生巨大的作用，既然每一种色

图1-3　光束通过三棱镜呈现的色彩

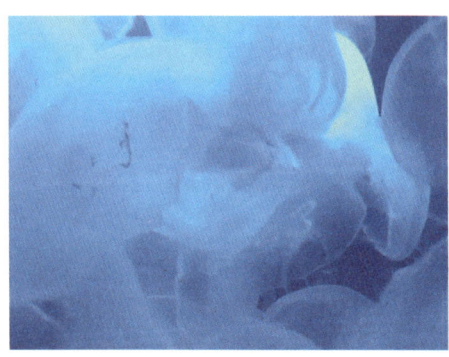

图1-4　《蓝光水母》　李志颖

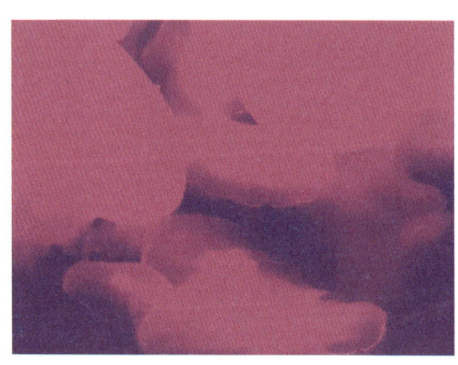

图1-5　《紫光水母》　李志颖

彩都能够分解与合成，那么色彩的调配和呈现就有了更多的变化以及表现的可能性。长久以来，古典绘画中对于光的描述都只能用深与浅的变化、明与暗的对比来完成，似乎只有加白才能够使画面变亮。直到19世纪，伟大的英国画家约翰·康斯太勃尔用自己的风景画让我们看到了白光也能用不同的色彩进行描绘的可能性，淡黄、淡绿、淡粉和淡蓝都出现在他所看见的天空中，那光束就如同来自天国的彩虹。在他56岁时，他在那幅著名的《滑铁卢大桥的揭幕典礼》中大量使用鲜明的色彩，使之成为绘画艺术史上的经典之作，同时，也因为这种独特的光与色的处理方式，其被认为是印象主义画风的最早实践人和实际上的先驱者（图1-6）。

我们还不能确定康斯太勃尔的绘画是否受到了牛顿光学理论的影响，但从时间上来看，的确存在科学发现影响绘画观念和手法变化的可能性，因此，从绘画色彩学发展的角度我们要感谢康斯太勃尔，也要感谢牛顿（图1-7、图1-8）！

图1-6 《滑铁卢大桥的揭幕典礼》 康斯太勃尔

图1-7 《伯明翰海岸的风暴》 康斯太勃尔

图1-8 《雅茅斯的防波堤》 康斯太勃尔

4. 眼睛的主观性

既然白色可以用各种色彩来组合，那么黑色也不应该是铁板一块，亮与暗的变化除了明度上的差别之外还会存在色彩成分的不同以及调配关系的差异。黑色的一般定义为"没有任何可见光进入视觉范围"。同时，"如果将三原色的颜料以恰当的比例混合，使其反射的色光降到最低，人眼也会感觉为黑色"。注意，这里提到的只是眼睛的"感觉"，关于黑色抑或是其他色彩都很难给出确切的定义。对于那些写实性的素描来说，刻画的相似度可以成为评判优劣的重要标准之一，然而"相似度"却很难成为看待色彩的依据，是"感觉"就会有所不同，人和人也会存在着很大的差异（图1-9、图1-10）。

初学色彩，老师一般会要求学生将颜料盒中的黑色拿掉，特别是在外出写生时不要把黑色带出去，目的很明显，就是希望学生能够看出暗色中的变化和能够分辨出重颜色中微妙的色彩关系，过多地使用黑色似乎降低了对于眼睛的要求，弱化了学生对于色彩的感受力（图1-11）。

图1-9 《风景》 亨利·克罗斯

图1-10 《红黄色的岩壁》 乔治亚·奥基芙

图1-11 《乔治湖3号》 乌尔科维茨

当我们同时取消了黑白两端的边界时，无形中就延长了其他色彩的宽度和表现力。19世纪60年代，在光色理论出现大约300年以后，印象主义的画家们用自己的绘画方式和画面的表现效果形象化地解释了牛顿看到的光色关系，外光就是一切，在他们的笔下我们看到了光线的存在，更看到了光线中色彩的斑斓和跳跃，赤、橙、黄、绿、青、蓝、紫能够轻易地闯进我们的眼睛，缤纷的色彩呈现在印象派画家们的画面里，似乎瞬间打翻了所有的颜料瓶，这场不期而至的视觉盛宴让人们深切地感觉到色彩的丰富和美妙（图1-12、图1-13）。

图1-12 《圣拉扎尔车站》 莫奈

图1-13 《枫丹白露的栎树》 莫奈

其实，印象派更深刻的意义还在于他们努力展示了色彩表现的可能性，最大程度上释放了每一位画家对于色彩的知觉和敏感。他们的色彩试验告诉我们，人们的视觉感受不同，看到的色彩也有很大的差异，容忍和鼓励差异的存在能够让我们看到更多的色彩变化、欣赏到不同画家的个性和色彩表现力。眼前的人物、物品和景致不再是沉寂和一成不变的，随着时间的流逝、光照的变换、环境的更迭，甚至心情的交替，都能使颜色产生差异（图1-14、图1-15）。

图1-14 《黄金之角》 保罗·西涅克

图1-15 《牧场》 保罗·西涅克

5. 光源不同则基调不同

从光线的角度来说，明确的亮度首先是由太阳带给我们的，没有太阳也就没有明亮的白天，当太阳每天都照常升起的时候人们也许还不能真正体会到它的意义和价值，然而，一旦阴雨、风沙、雾霾天气连续出现，使得我们无法与太阳见面时，那种莫名的忧郁、沉闷、压抑和无所适从的感觉就会出现（图1-16、图1-17）。

图1-16 《钟塔》 保罗·西涅克

图1-17 《布伦》 雷塞尔贝格

太阳的重要性不言而喻，绘画的表现形式也与光源的变化、光线的强弱有着紧密联系。一般来说，在阳光的直接照射之下，整体的色彩会呈现出明亮偏暖的状态，如果物体被天光所笼罩时，色彩则有暗淡偏冷的感觉，低下头来观察和对比地面上的阳光和阴影时，就不难看到这种冷与暖的差异，阴影中较冷的色彩恰恰是受天光影响的结果。应该注意到，当阳光普照时，室外的景色中"阳光"和"天光"[1]往往是交织在一起的，最终影响画面冷暖的因素是阳光或天光照射面积的大小，当阴影的面积较大时，画面将表现为偏冷的色调，反之，画面则呈现温暖的色调。印象派对于绘画艺术中色彩运用的推进首先要归功于他们坚持对室外光线的观察、研究、认识和表现，同时，画家们对于光线的分析和冷暖的理解也被带到室内景象的描绘里。在古典绘画中，我们很难看到明显的冷暖差异和对比，室内部分大多是以明暗来表明光线的变化，拉·图尔、伦勃朗等还特意展示了他们对于烛光的兴趣，尽管光的效果十分迷人，但是依然没有跳出"酱油色"的轨迹。印象派画家们的伟大还在于他们彻底摆脱了阴影和暗部颜色的晦暗与单一（图1-18、图1-19）。

简单地说，太阳光、天光、室内烛光或灯光是影响画面色彩的主要光源，它们直接决定最终的色彩关系。

图1-18 《自画像》 伦勃朗

图1-19 《红屋顶》 亨利·马丁

---

1 "天光"在绘画专业领域内指背阴处的光线（即非太阳直接照射的光线），通常比"阳光"偏冷。在此处是想说明两种光的冷暖不同，例如，室外的背阴处和室内不朝阳的窗户照进的光线都是"天光"。

第二节 色调、对比、和谐

1. 色调第一

色彩学习的目的在于能够感受色彩的微妙和掌握使用色彩的基本方法。无论是从感受还是从使用的角度来看，认识和理解"色调"都是非常重要的环节之一，画面色彩是否好看取决于色彩搭配是否合适，合适的色彩组合关系是构成"色调"的基础，而色调的"和谐"又是我们对色彩搭配给出评价的条件和基础。一般来说，和谐的色调意味着把画面中的每一种颜色都调配在适当的关系之中，它们互有区别，又相互扶持，互为依托（图1-20、图1-21）。

其实，协调还意味着文化和品位对于色彩的影响和映照，印象派的色彩之所以被大家所喜爱，除了可以让人感受到那些安静、悠闲的午后时光之外，更让人看到了那时社会、那群人的生活方式。

图1-20 《戴蓝帽子的太太》 雷塞尔贝格

图1-21 《花园里的家庭》 雷塞尔贝格

关于"统一色调"的理解，常见的观点认为：画面中的每一种颜色都应被某一种主导色所笼罩。然而，这种观点存在一定程度的简化。例如，在表现黄色调的画面时，如果只是将黄颜色调入所有其他颜色之中，并不能得到一组好看的黄调色彩。这是因为色彩的构成在物理光学系统与颜料调配系统之间存在本质差异。因此，使用颜料搭配出的色彩并不能和光调配出的色彩相互对应起来（图1-22、图1-23）。

光的三原色是由红、绿、蓝构成，其特点是叠加的层次越多则亮度越大，越亮则明度越高。而颜料的三原色是红、黄、蓝，调和进来的，颜色越多则越重、越暗，明度也越低。

色调除了从色相的角度可以分为红、橙、黄、绿、青、蓝、紫之外，还有明暗和灰度方面的区别，色调关系和视觉观看之间存在着比较复杂的关系，这也是使用色彩的难度所在。一直以来，艺术家们都致力于色彩搭配的研究，都在寻找和总结色彩组合的规律，前人已经总结出许多令人愉快的色彩组合以及搭配关系，这些努力为我们提供了有益的经验，使我们能够向着运用色彩的理想目标迈进（图1-24、图1-25）。

图1-22 《荷花》 吴冠中

图1-23 《瀑布》 吴冠中

图1-24 《港口》 德内

图1-25 《塔楼》 保罗·西涅克

2. 学会使用色环

初学色彩时并不会特别关注色环，因为写生训练的目的是以观察和感受色彩为主，并没有主动处理和设置色彩的要求，当然，在描述感受的过程中并不是完全没有色彩提炼，任何写生都不会是百分之百地复制对象，但其主观性和自由度却是有限的。当我们进入色彩设计阶段时，掌握色彩的特性、认识色彩的规律，有目的、有意识和更有针对性地使用色彩就变得越来越重要了（图1-26）。

使用色环是认识和了解色彩最直观、简明的方式，色环中最基本的色相都按照相互之间的联系有次序地安排在一起，使我们能够很快找到原色、间色、补色、邻近色、对比色等色彩的组合关系。尽管平面的、单维度的色环不能如色立体一样展开并呈现色彩复杂和细微的变化，但是对于初学者来说，色环的简洁和明了就是其优势。

图1-26 色环

通过色环可以找到以下色组：

原色色组：红、黄、蓝（图1-27）。

间色色组：绿、紫、橙（图1-28）。

补色色组：红、绿，蓝、橙，紫、黄（图1-29～图1-31）。

这部分色组中的色彩都处于色环中相对较远的位置，其中补色色组的位置最远，因此，从色相的角度来看，它们有着对比最强烈的色彩关系。相反，在色环中所有位置相邻的颜色会组成相对较弱的色彩关系。

邻近色色组：红、红橙，黄、黄橙，蓝、蓝紫等（图1-32～图1-34）。

3. 明度和纯度

色相的不同仅仅是色彩变化因素中的一个维度，在日常生活中，我们见到的纯色并不多，无论是时间的因素、光线的因素、空气的因素，还是各种人为的因素都会对色彩的纯度有所影响。当阳光照射时，色彩会随着光线的强度逐渐淡化；而光线暗淡时，所有的颜色又会被蒙罩上灰黑的暗影（图1-35、图1-36）。

明度是指在纯色中加入白色的多少和效果，明度越高意味着白色加入越多，同时也意味着原色彩纯度的降低（图1-37）。

纯度则是指在纯色中加入黑色的多少和效果，纯度越低意味着黑色加入越多，原色也就变得越加灰暗，失去了原始的鲜明度（图1-38）。

色相、明度、纯度是色彩构成的三种要素，三者之间的变化形成了比较复杂的色彩关系，这也是认识和掌握色彩的难点和关键（图1-39、图1-40）。

图1-27　原色色组　　　　　　　　　　　　　　图1-28　间色色组

图1-29　补色色组1　　　　　图1-30　补色色组2　　　　　图1-31　补色色组3

图1-32　邻近色色组1　　　　图1-33　邻近色色组2　　　　图1-34　邻近色色组3

图1-35　光对于色彩的影响　谢岫薇

图1-36　光线弱则色彩重　陈卓扬

图1-37　随着白色的加入，红色的明度提高但原色彩纯度降低

图1-38　随着黑色的加入，红色的明度和色彩的纯度都在降低

图1-39　丰富的色彩变化　明玥

图1-40　三要素的变化决定了色彩的复杂程度　明玥

4. 同类色的调和相对容易

可以在色环中选择相互邻近的两到三种颜色组成邻近色色组。很明显,由于色组中每一种颜色之间的差别不大,不会形成强烈的对比,就能够比较容易地获得和谐的色彩关系,是比较平和、安定、没有风险的使用方法。但是,过于和谐的画面也会使人觉得单调和呆板,缺乏生气。因此,当我们使用邻近的色组时,应该考虑的问题是适当地加大对比的因素,拉开明度和纯度的对比就是解决问题的最好方法(图1-41、图1-42)。

图1-41　黄色同类色　黄乙杰

图1-42　蓝色同类色　盛雨晴

例如，在使用同类色或者邻近色的同时加入黑色色块或白色色块，目的是从明度方面加大对比度，使画面不会显得沉闷。也可以在相邻的色块中选择色彩，加入黑色或白色，降低这块色彩的纯度，以此形成邻近色之间纯度的变化，使色组产生更有变化、更加生动的色彩关系（图1-43、图1-44）。

5. 对比色的调和更加困难

在所有的艺术作品之中，邻近色色组的使用概率要显著小于对比色色组，原因十分简单，对比的色彩能够产生更强的视觉张力，使画面更具有吸引力。和谐的色调并不意味着只能使用邻近色，如何将对比色协调起来，始终是画家和设计师们追求的目标和结果，从长期的艺术实践中他们也总结出许多调和对比色的经验和方法，为我们色彩设计的学习铺平了道路。经常用到的调和方法有以下几种。

（1）以面积的大小来确立主色调。

相传，宋朝皇帝赵佶在给绘画考试出题目时用了"万绿丛中一点红，动人春色不须多"这样的描述，而应试者大笔挥动画出了丛林中的小楼，楼上有美女凭窗而立，只有唇上的口红在景色中跳动。一幅美丽的图景似乎已经跃然眼前，在大片郁郁葱葱的绿色里，一点红色映衬其中。审美是人们共同的经验，有意无意中他们已经表明了对比色的处理要义，不管红和绿的对比多么强烈，只要加大面积之间的变化就能够既保持一定程度的对比，又使画面更加和谐且色调统一（图1-45、图1-46）。

图1-43　选择色彩并加入黑色　卢令闻

图1-44　选择色彩并加入白色　谢岫薇

图1-45　蓝色与橙色的对比，蓝色为主　盘思思

图1-46　红色与绿色的对比，绿色为主　黄伊磊

（2）用冷暖倾向的一致来协调色彩。

除了色相之外，在色彩的变化之中冷暖也是需要关注的因素，同一种颜色也会有偏冷或偏暖的不同倾向。还以红绿色的对比为例：朱红比大红暖、大红又比玫红暖，淡绿比粉绿暖、草绿比中绿暖……当我们选择色组时可以把偏暖的朱红和淡绿，或者偏冷的玫红和粉绿放在一起，达到对比色的协调。应该强调的是，冷与暖都是相对的，当两种对比色的面积相当时，选择有和谐感的冷暖程度需要理论的指导，更要有感觉的培养以及色彩经验的积累（图1-47、图1-48）。

（3）通过提高明度或降低纯度来减弱对比。

在对比的色组中选择一种颜色提高其明度，或者降低其纯度，只保留一种色彩的纯度，可使强烈对比的色彩变得柔和，就像相互对立的矛盾冲突中，如果有一方示弱，就会使矛盾获得缓和。例如，红和绿对比时，红色的纯度不变依然为大红色，只在翠绿中加入白色或黑色，就会形成纯度不同的对比（图1-49、图1-50）。

（4）利用中介色把对比色相互间隔开。

减弱对比的因素使对比的色组更加和谐和稳定。中介色是指那些彩度倾向和冷暖倾向相对较弱的颜色，如黑色、白色、灰色、金色、银色都可以起到减弱和缓和色彩对比度的作用。这里所说的灰色，一般是由黑白两色调和而成，其几乎没有色彩的冷暖倾向。其实，即便是中介色，如果仔细进行比较也会发现其存在着微妙的冷暖差异。金色略黄给人偏暖的印象，而银色则有微冷的感觉，常常用在冷调对比的间隔中（图1-51、图1-52）。

图1-47　偏暖的色组　刘征楠

图1-48　偏冷的色组　刘征楠

图1-49　在黄色与紫色的对比中减弱了紫色　唐熙

图1-50 在黄色、绿色、红色的对比中减弱了红色 唐熙

图1-51 黑色的加入调和了红色、黄色、蓝色的对比 黄惠滟

图1-52 水分（白色）减弱了色彩的强度 陈卓扬

6. 共同进退的原则

从以上色彩调和的方法来看，都是使比较强烈的对比有所减弱，调和色彩最基本的原则是将对比的因素调节到合适的范围内，大的统一和小的对比是达到和谐的基础，在画面中当一种颜色占据统治地位时，另一种颜色就只能处于接受管辖的位置。建立统一的方法还可以将画面中的所有色彩都加入亮色而使其同时变亮，都加入暗色而使其同时变暗，都加入灰色而使其同时变灰，或者将较纯的色彩打碎后并置，类似于教堂里玻璃画的处理方式，即采用共同进退的方法，就能够使色彩变得更具和谐感（图1-53、图1-54）。

7. 所谓"高级灰"

一直以来，各种含灰的色彩都会受到人们的喜爱，人们还为这类灰色起了好听的名字"高级灰"。灰色之所以受到青睐是因为它们含蓄、优雅、不露锋芒，灰色没有纯色的刺激性，也不像深色那么沉重和压抑。由于灰色的色相并不明确，所以与其他色彩的搭配和组合就比较容易。在调配灰色时应该以白色为主，逐渐加入其他颜色，目前，许多厂家还生产制作了各种成品灰色，不仅为颜料家族增加了新的成员，也为颜料的使用提供了更多的可能性（图1-55、图1-56）。

但是，我们也应该认识到，灰色并不是万能的，任何色调都是相互对比的结果，不同的灰色也会有冷暖之分，在与其他色彩搭配时同样要注意它们的冷暖倾向（图1-57、图1-58）。

另外，灰色的色度变化十分微妙，加入过量的白色成分会使灰色显得苍白而没有力量，当黑色成分较多时，又会使色彩变得黯淡和沉闷，怎样恰当地控制灰度是初学者和创作者都要研究的课题。

图1-53 同时提高色彩的纯度 刘心明

图1-54 同时降低色彩的纯度 刘心明

图1-55 比较亮的灰色　姜慧君

图1-56 比较暗的灰色　辛叶桐

图1-57 偏冷的灰色　刘钰青

图1-58 偏暖的灰色　何礼行

第二章

一 掌握色彩训练的
基本方法

PPT课件

第一节 写生、概括、拍照

1. 写生为本

尽管色彩写生并不是本书的主要内容，但是，由于写生有着特别重要的意义，所以还是把该内容安排在关于训练的开篇章节之中，希望引起学习者的注意。一直以来，关于写生也存在着不同的观点，传统的观念特别强调写生的重要性，认为通过写生可以解决观察、感受、描写、记录等问题，但是写生的缺点也很明显，过多地写生会使学生产生对描绘对象的依赖性，那些缺少提炼和表现性的作品也将很难展示出作者的想法和个性。与此相反，如果盲目地脱离对象，强调创作的主观性，就会陷入空洞、乏味、缺少生活气息的尴尬之中，因此，一方面要注意对生活的观察和感受，同时也要提高概括和表现的能力，才能创作出既有生活气息又有作者个性的好作品（图2-1～图2-12）。

图2-1 偏暖色调的静物写生 张鹏

图2-2 偏冷色调的静物写生 张鹏

图2-3 《放白花的大碗》蓝色与红色的对比 伯恩哈德·古特曼

图2-4 《白花瓶里的康乃馨》蓝色为主 伯恩哈德·古特曼

图2-5 《树荫》灰绿色调 张鹏

图2-6 《江边》暖绿色调 张鹏

图2-7 《阳光下的水塘》蓝橙色调 伯恩哈德·古特曼

图2-8 《圣玛卡丽娜岛》棕红色调 伯恩哈德·古特曼

图2-9 《东侧的卖花小贩》建筑层层远去 伯恩哈德·古特曼

图2-10 《三只帆船》港湾中水天一色,缥缈无际 伯恩哈德·古特曼

图2-11 《海湾渔场》蓝紫色和棕黄色辉映对比 伯恩哈德·古特曼

图2-12 《杜阿内兹海湾》写生的魅力在于真实和生动 伯恩哈德·古特曼

2. 描绘重要，概括更重要

　　写生与创作本来就具有密切的内在联系，无论是观察与提炼，还是感觉与表现都应该互为因果，浑然天成。从中外艺术家们成功的创作经验来看，每一次作画都是将对象从生活中抽取和剥离出来的过程，是观察和感受的过程，更是思考和决策的过程。每一位艺术家都要强调属于自己的观看、感受、思考和提取，寻找自己独特的表现方法，只有这样才有可能创作出与众不同的作品，使画作独具一格和富有个性。因此，对于所谓的写生和创作的理解及意义都有必要去重新认定，至少不应该只把它们置于狭小的范围之中。或许，中国传统绘画的创作方式更符合绘画创作的基本原则，画家们强调观看、感知、记忆和抒发心意，当眼前的一切都已经了然于胸时，才能够执笔挥洒，一气呵成（图2-13~图2-18）。

图2-13 《影院》红色、黄色与蓝色的对比　张鹏

图2-14 《红房顶》红色与绿色的对比　张鹏

图2-15 《风雨中的联合广场》蓝灰色调 伯恩哈德·古特曼

图2-16 《鸟瞰巴黎》紫色与灰色的对比 伯恩哈德·古特曼

图2-17 《雷暴》(局部) 笔触是极具特色的形式之一 保罗·西涅克

图2-18 《有太阳盘的风景》(局部) 笔触构成视觉秩序 德拉内

概括是学习和研究色调的重要一步，在设计色彩的学习中更强调对于色彩规律的认识，尽管现实生活中的色彩是我们进行色彩提炼的基础，但是色彩理论的学习能够帮助初学者更快地掌握色彩的搭配和使用方法。限定色彩的使用数量是概括色彩的一般方法，对于色块的搭配选择应该既有写生经验的积累，又有理论知识的指导（图2-19～图2-26）。

图2-19 《黄衣宫女》以黄色为主　马蒂斯

图2-20 《拿小提琴的女人》红色与蓝色的对比　马蒂斯

图2-21 《科利尤尔的景色》红色与蓝色及少量绿色的对比　马蒂斯

图2-22 《蓝色边柜上的静物》以蓝色和绿色为主　马蒂斯

图2-23 《喷泉边的女人》黑色强调了明度对比 马蒂斯

图2-24 《戴面纱的女人》粉红色和粉绿色形成了对比 马蒂斯

图2-25 《梦》明显的蓝色与橙色的对比 马蒂斯

图2-26 《躺在土耳其椅上的宫女》红色、黄色与蓝色的对比中，黄色最弱 马蒂斯

3. 学会利用照相机

对于照相机的使用一直以来都存在争议，赞成者认为随着时代的发展和技术的进步，只要使用新的手段能够对创作有所帮助，就应该欣然接受它。反对者则坚持绘画的行为就是画家执笔绘制的过程，面对景物对象的写生才是最直接、最传统和最正确的方法，借助照相机或者照片会弱化画家的感受，使直觉屈从于间接资料，这无疑会降低作品的艺术感染力。

在本课程中利用照相机的目的主要是尽快地、较大量地收集色彩资料，对于色调的感知和捕捉是作业的基本要求。拍摄的题材不限，但是希望每个同学都能够找到自己的关注点，完成一套系列作品，要求每个系列都有明确的主题并且不少于4幅，每幅图片有各不相同的色调，同时具有系列作品的一致性。例如，同为灰色倾向的色彩、同为纯色倾向的色彩、同为亮色或者暗色等（图2-27～图2-31）。

尽管照片只为下一步处理提供了基本素材和色彩参照，题材和场景的选择仍然十分重要，在很大程度上它们决定了作业的审美取向、构图形式以及色彩搭配的品质。

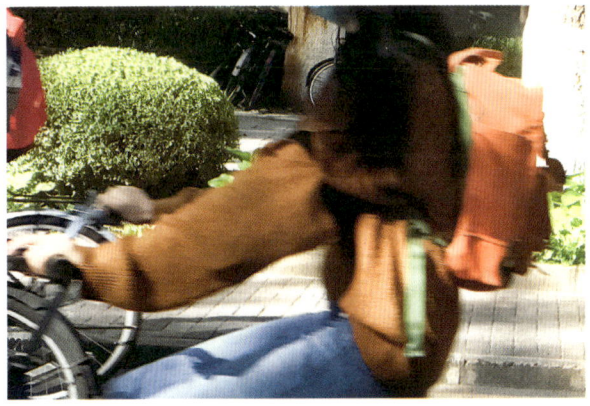

图2-27　校园里骑自行车的人，衣服的色彩形成不同的色调　曹润

图2-28 超市里的塑料制品色彩明亮、色调丰富 李晔

图2-29 晚霞的色彩瞬息万变,色调有所不同 俞茜茜

图2-30　色彩富于变化的建筑局部　曹一成

图2-31 用布料组织的色调构成 辛叶桐

第二节　调式、意图、象征

1. 从调式入手

前面反复提到对色彩的认识和使用，关键是理解色调和掌握色组搭配的关系，无论是在设计实践中还是绘画创作中都要有意识地对色彩进行归纳和整理，提炼出和谐、生动、有表现力的调式来。有史以来，即便那些非常写实的绘画作品也会对色彩进行提炼和概括，在比较统一的色调中去掉或改进那些不够和谐的局部色彩。进一步的练习是在前一项作业的基础上延续：要求大家以拍摄的图片为素材进行色彩概括，以尽可能少的颜色将图片中的色调表现出来。对于色彩的确定应该有两种因素需要考虑：一是图片中所提供的基本色彩；二是对于色彩搭配规律的理解，通过两种因素的综合找到合适和富于表现力的色彩关系，因此，不能将此次作业理解为简单的重复，而是对于之前图片的提升和强化（图2-32~图2-34）。

图2-32　从"校园里骑自行车的人"照片中提炼出的色彩　曹润

图2-33 从几幅风景画中提炼出的点、线、色彩 刘征楠

图2-34 从"布料组织的色调构成"图中提炼出的色彩　辛叶桐

在进行色彩提炼时，应尽量使用较少的色彩而把色调明确地表现出来，无论是三四种或是五六种颜色，都要确定一种颜色作为画面的主要色彩，无论是红色还是绿色、黄色或是蓝色，都应使这种主要色彩在画面中占有较大的面积，形成画面的主调。主调的颜色可以是一种，也可以由两至三种近似的颜色共同组成。与主色彩形成对比的颜色应该在明度或纯度上适当弱化，最简单有效的方法是缩小它们的面积。适当的对比始终是需要的，一味地使用同类色容易使画面显得简单和平庸。

怎样巧妙和恰当地使用对比的因素就是设置本课题的意义和初衷（图2-35～图2-38）。

图2-35　从轻便摩托车中提炼出的色彩　卡西西

 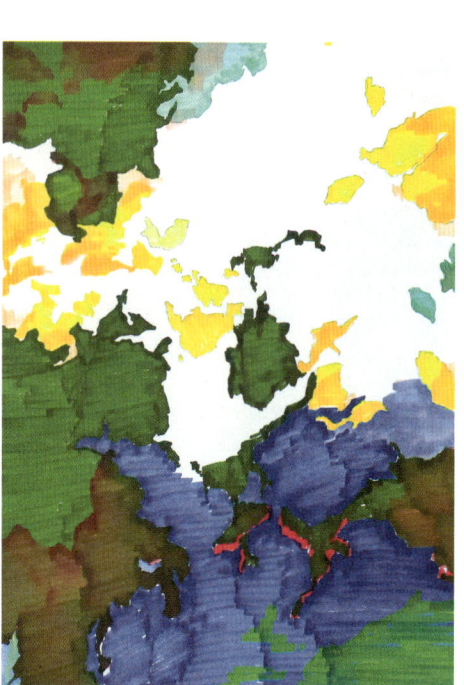

图2-36　从风景中提炼出的色彩　彭羽菲

图2-37 从建筑室内提炼出的灰色调 朱旖旎

图2-38 从塑料制品中提炼出的色彩 李晔

用比较概括的方式处理人物形象是前面课程内容的延续和深化，很明显，画人物的难度要大于画一般的物品和景色。在概括脸部结构和提炼五官形态的细节时，仍需最大限度地保留对象的性格气质和造型特征。好的作业基本上都兼顾了概括处理与生动表达之间的关系。头发与脸、脸与衣服、衣服与背景是要关注的重中之重（图2-39~图2-48）。

图2-39　几何化处理人物的脸部形态　冯筱然

图2-40 头像的姿态和角度很生动 李晔

图2-41 头像的五官表情 张璐

图2-42 人物表现得很有性格 盛雨晴

图2-43 人物概括有细节 刘钰青

图2-44 背景处理很有特色 王瀛逅

第二章 掌握色彩训练的基本方法

图2-45 马克笔的使用形成了画面的特点 曲瑞晴

图2-46 概括并保留了对象的生动性 黄乙杰

045

图2-47　风格化地处理了形象　卢令闻

图2-48　松弛地处理形象　张月佳

2. 从主题或故事入手

任何表现都是创作者思想和意图的显示，如果说绘画创作还有一些自然而然和随心所欲的话，那么在设计作品中意图的体现就尤为明显。尽管人们可以用文字和语言更加直接地表达他们的想法，但是，艺术化的展现不仅能够使人接收到信息，并且能够让人体验到生活的美好、感官的舒适、情绪的触动和心灵的点击。因此，无论怎样我们都不能低估艺术的作用和价值，在色彩训练中如何将意图用色彩和调式比较充分地表达出来无疑是必须掌握的重要课题。

抽象或意象都可以接受，鼓励抽象是因为它更能体现学生对于感觉的把控，课题的指向不同，其形式和意味也应有所不同。由于训练的着眼点是色彩，所以适当放松了对于形态的要求。

这六组作业的主题是："时尚与传统"，同学们在形式和色彩上都致力于找到两个概念之间的不同，并且表现出视觉感受的不同。本课题为课堂作业，两幅画的尺寸均为40cm×40cm，两小时完成（图2-49～图2-54）。

图2-49　时尚与传统1　朱佳琪

图2-50　时尚与传统2　张月佳

图2-51　时尚与传统3　刘钰青

图2-52 时尚与传统4 张璐

图2-53 时尚与传统5 彭羽菲

图2-54 时尚与传统6 辛叶桐

设计作品有明确的指向性，无论是委托方的意愿，还是设计师的想法都会在案例中表现出来，形象、构图、色彩等元素是显示意图的重要方法和手段，色彩虽然不像形象和文字那么清晰，但是色彩的情绪感染力和目标的指向性却是直接和明确的，色彩的力量不仅快捷迅速，同时也有着更强的穿透力，持续的影响力将会更加长久。色彩与情绪之间存在着较强的关联性，在许多色彩书籍中都对此有过详细探讨和描述，可以说喜怒哀乐皆为彩，赤橙黄绿均有情！课堂作业：主题为"天堂与地狱"，两幅，约两小时完成。训练目的也是在主题的限定下完成对于形式和色彩的选择及使用（图2-55~图2-61）。

图2-55　天堂与地狱1　李晔

图2-56　天堂与地狱2　赵金烨

图2-57　天堂与地狱3　张璐

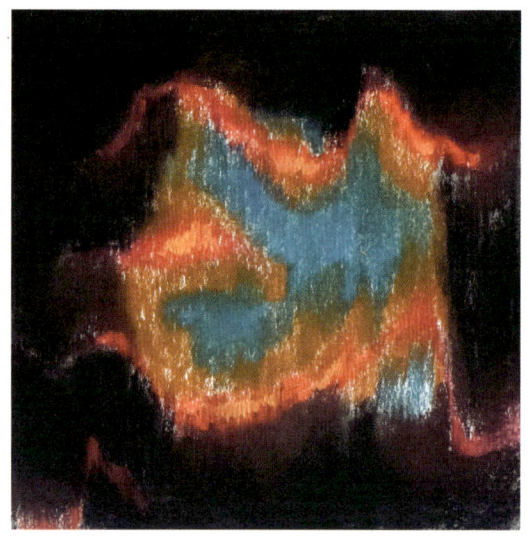

图2-58　天堂与地狱4　王思宇　姜慧君

图2-59　天堂与地狱5　唐熙

图2-60 天堂与地狱6 黄祎炜

图2-61 天堂与地狱7 王瀛逅 何礼行

抽象绘画的先驱和理论家康定斯基曾经说过:"色彩和形式的和谐,从严格意义上说必须以触及人类灵魂的原则为唯一基础。"早在1912年,他就出版了理论著作《论艺术的精神》一书,其中将绘画与音乐进行了贴切和生动的类比,对于色彩与情绪的关系以及色彩的精神性进行了详尽说明和充分论述。一直到今天,这些思想依然对我们有着重要的意义和具体的指导作用。

作业主题的设定基于对色彩表现内容的深入思考,课题设计不仅限于一般情绪的呈现,而是加入了更加细腻和复杂的情感因素。其目的也是让学生体验色彩表达的丰富性和微妙感,如"愉快的紧张""焦躁的沉稳""无奈的惶恐""平和的欲望"等。

此时,除了色彩传达之外,画面中出现的形式变化、节奏关系,甚至笔触的姿态、宽窄、轻重、缓急等诸多因素都会对情绪的表现起到至关重要的作用,体会这种微妙的对应关系也是训练的目的之一。

如图2-62~图2-73所示的这几组作品的主题是"掩饰快乐 释放压抑",作者根据自己的理解,用色彩和形态诠释了两种不同的情绪,其中不乏微妙和有趣的表达,或多或少让我们看到了较为内在的情绪变化。

图2-62 掩饰快乐 释放压抑1 刘心明

图2-63 掩饰快乐 释放压抑2 陈卓扬

第二章 掌握色彩训练的基本方法

图2-64 掩饰快乐 释放压抑3 黄祎炜

图2-65 掩饰快乐 释放压抑4 彭羽菲

053

图2-66 掩饰快乐 释放压抑5 金建希

图2-67 掩饰快乐 释放压抑6 黄惠滟

图2-68　掩饰快乐　释放压抑7　张彤靖

图2-69　掩饰快乐　释放压抑8　刘征楠

图2-70 掩饰快乐 释放压抑9 朱佳淇 唐熙

图2-71 掩饰快乐 释放压抑10 田佳宁 朱旖旎

图2-72　掩饰快乐　释放压抑11　吴璠　孙健嘉

图2-73　掩饰快乐　释放压抑12　曹一成　俞茜茜

3. 从象征意义入手

人类不仅以基因传承了前人的形象、体质、性格和与众不同的个性特质，并且在不同的地域、族群中还以文化延续了各自的认知、习俗、偏好和相互类似的行为特征。因此，色彩不仅能够影响和刺激人们的感官，同样还会引发和再现他们的心绪；人们对于色彩的反应不仅仅来自真切而又不断变幻的光色效应，同时还有长期和不断积累下来的共同认知、专属的意味和指代关系。色彩的象征性与直观的反映相互交织，形成了认识色彩的复杂性，正是由于象征意义的积累和延续，色彩的思想性和观念性越来越受到人们的关注。

如对于中国人来说，红色具有非常特别的意义，它是血的颜色，是生命和活力的象征，更有着革命、勇敢以及一往无前和胜利的含义。稍加留意就会发现红色在生活中无处不在，同时都有着非同寻常的含义（图2-74）。

在中国的春节期间，人们常挂红灯笼、贴红春联，孩子们穿上红衣服。这些红色元素不仅带来节日的喜庆氛围，更象征着新年新气象、万物复苏的生命活力。红色在此成为迎接希望与生机的重要象征。

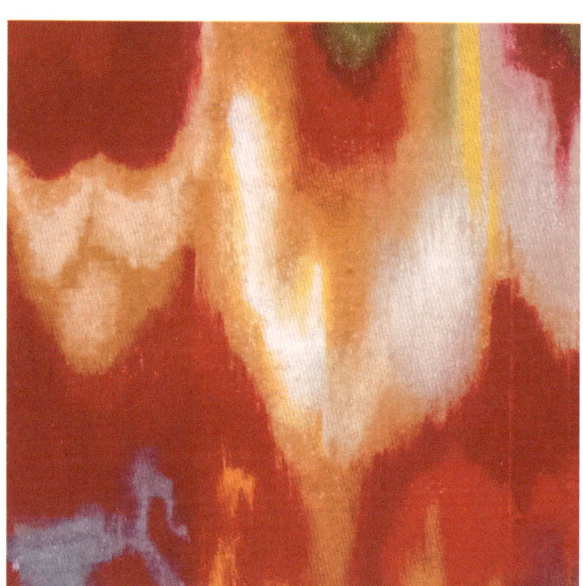

图2-74 红色是生命、活力和胜利的象征 王瀛迈 宋晨 崔佳露 曲瑞晴

绿色是大部分植物的颜色，代表春天和生长，是自然的象征。绿色给人清新和顺、舒畅美好的感觉，也是和平的代表颜色。不难发现，无论是在绘画还是在设计作品中，绿色或偏绿色调的使用越来越频繁。随着人们生活节奏的加快和工作压力的加大，绿色带来的心旷神怡和沁人心脾的宁静感，成为疗愈精神、安抚心情和舒缓压力的良药。今天，绿色更有着倡导节约能源和保护自然环境的特殊意义，当人类认识到尊重自然、爱惜环境的紧迫性和重要性时，感知绿色、认识绿色、表现绿色也就成为艺术家的必然选择和使命（图2-75）。

图2-75　绿色是青春、生长与和谐的象征　冯筱然　张月佳　姜慧君　宋晨

黄色在自然中是属于秋天的颜色，对于农民来说它是农作物成熟的色彩。民以食为天，不言而喻，黄色对于我们每一个人来说都有着非同寻常的意义。黄色意味着阳光、温暖、璀璨和贵金属，也因此黄色代表了光明、喜悦、高端和未来。在古代中国，它是皇室、皇权和帝王的专属颜色，是至高无上和尊贵地位的象征。一直到今天，黄色依然被人们追捧，不断地延续着它的特殊魅力。

从色彩使用的角度来看，在色环中黄色是明度很高的颜色，除了纯白没有其他色彩超过黄色的明度。黄色可以提高画面的整体明度，拉开明与暗的对比，因此它也是画家和设计师青睐的颜色（图2-76）。

图2-76　黄色是秋天、收获和皇权的象征　卢令闻　王思宇　辛叶桐　周靖哲

或许因为紫色与黄色与生俱来的对应关系，尽管紫色在所有的色彩中是明度最低的颜色，但它依然有着无法抑制的魅力。它的神秘和高冷几乎深入骨髓，而一直以来"紫气东来"的说法又使得人们对于紫色有了更多的向往和期待。如果你用过紫色就应该了解它的"固执"——当我们试图减弱它的色度时，即使加入大量白色或黑色，也很难改变它的色彩特性。这也使我们更加理解为什么紫色更容易受到上流社会的青睐，因为紫色的典雅和特立独行迎合了他们的意愿与气质。僧侣们也常常穿着紫色的袈裟，以表明他们的信仰。生活中我们最常见到的就是紫藤和薰衣草，每当我们置身花海时，那份梦幻般的悠远和浪漫又会使人觉得眼前的情景虚幻和不够真实（图2-77）。

色环中与紫色最接近的是蓝色，尽管同样处于明度较低的区域，但蓝色的可塑性和易于搭配的特性，使它有了更强的亲和力。蓝色给人深沉、宁静、悠远和宽广无限的感觉。虽然它与紫色有着类似的神秘感，但是蓝色的安稳性使它能够获得更多人的喜欢。无论是天空还是海洋的蓝色，都能给人带来无穷无尽的遐想。当人们满怀热情地希望投入其中时，它却似乎又要冷静和礼貌地把你轻轻推远。这就是蓝色，它浩瀚、悠远，又有些许的孤傲和清冷。作为三原色之一，蓝色的使用频率很高。人们喜欢蓝色，却又对它怀有些许敬畏之心（图2-78）。

图2-77　紫色是神秘、高冷和浪漫的象征　崔佳露　朴成恩　卢令闻　唐熙

图2-78 蓝色是深沉、幽静和遥远的象征 冯筱然 盛雨晴 姜慧君 张月佳

由于橙色的穿透力比较强，所以在生活中橙色常常被用来作为提醒和警示的颜色。无论是在浓烟滚滚的火场里，还是晨光依稀的雾霭中，消防员的橙色消防服和环卫工人的橙色马甲都能清晰显现，提醒我们需要注意和重视的情况已经出现在视野之中。此外，人们对于橙色怀有天然的好感，这也是因为很多食品的颜色就是偏向于橙色调的暖黄色。尤其在蓝色的映衬之下，橙色会越发鲜明悦目，关于成熟、完善、收获、丰盈等一切与秋天相关的联想就会油然而生（图2-79）。

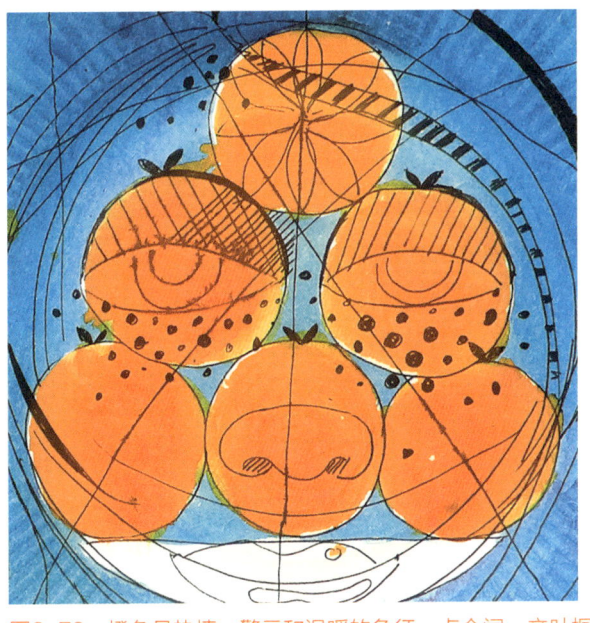

图2-79　橙色是热情、警示和温暖的象征　卢令闻　辛叶桐　宋晨　周靖哲

虽然黑色被归类在无彩的色系之中,但是黑色的影响力并没有因此而有所降低和减弱。从表面上看,黑色联系着夜晚、煤炭和深不可测,而其隐喻和象征意义却特别丰富。不同的国家、民族,对于黑色都有不同的解释:中国人承认并接受黑色的庄严、神圣和悲壮的意味,同时也对黑色带来的沉闷、无望、沮丧,以及或多或少的恐怖感有所畏惧。稍加留意就不难发现,黑色在日常生活中的使用并不广泛,包装设计尤其如此,除了因它暗沉不容易引人注目之外,传统文化中惯常的理念和看法也影响了黑色的应用范围和区域(图2-80)。

图2-80　黑色是庄严、悲壮和死寂的象征　赵金烨　周靖哲　王瀛逅

作为色彩明度的极限，白色有纯洁、飘逸、空灵和明净的意义，同时也有孤独、轻飘、冷落和恐怖的意味。色彩的矛盾性和多重意义在这里有着十分明确的体现：一方面，人们会身着白色的婚纱走入婚姻的殿堂，白色代表着圣洁和美好；另一方面，也会在灵堂中布置大量的白色帷幔，亲属们会以白色孝服表达对逝者的祭奠和哀悼。白色是"九九归一"的终极象征，也是一切的平复与空灵。其实，任何一种颜色的使用都与其他色彩相互关联，单一的色块只是影响画面表现的基础因素，不能完全决定其最终的意义。只有当某种色块在画面中占有主导地位时，该色块的通常含义才能够显现出来。当然，色块的形态也是决定意义的重要因素（图2-81）。

在学习色彩搭配的过程中，追求色彩组织的协调感以及色调关系的合理性是作业训练的目的之一。但是，更重要的还是要明确色彩表现的目的，或者说使用色彩的意图。只有当我们充分地了解了色彩的历史以及现实的意义以后，才能够将色彩的作用明确和充分地发挥出来。因此，研究和认识色彩的象征及隐喻是需要进一步关注的问题。尤其是在实际的设计项目中，知晓色彩的意义、明确色彩的指向、利用色彩的暗喻是设计过程的重要环节，有着不可替代的价值和作用。

图2-81 白色是纯洁、飘逸和无望的象征 刘晨 赵妍 刘颖 宋晨

红、橙、黄、绿、蓝、紫、黑等都可以成为作业的主题，当同学们选择不同的颜色时，不会仅仅考虑色彩的象征意义，更多是从个人的偏好与即时的感受出发，其实这也是同一个主题仍然可以产生丰富变化的原因，每个人都可以用自己的眼睛去感受，用不同的方式去表达。

"视觉盛宴"和"秀色可餐"两个主题练习是鼓励大家使用更多色彩，创造更丰富的效果和更强烈的视觉冲击力。作者的灵感来自天空星辰、山川河流、花朵树木、日常可见的琐碎或者抽象变幻的情绪（图2-82～图2-87）。

图2-82　秀色可餐1　姜慧君

图2-83 视觉盛宴1 何礼行

图2-84 视觉盛宴2 盛雨晴

图2-85 视觉盛宴3 卢令闻

图2-86 视觉盛宴4 辛叶桐

图2-87　秀色可餐2　黄乙杰

第三节 画境、心境、意境

1. 色彩的画境

人们最常接触的艺术形式就是美术和音乐,无论是视觉的还是听觉的,创作艺术作品的目的都是向观看者或者听众提供美好的画面和乐曲,让人们能够沉醉其中,从而获得感官和心灵的享受。早在公元前500多年,古希腊的哲学家也是数学家毕达哥拉斯就发现了音律的数学关系,建立了从数学角度研究音乐中节奏之美的基本方法,同时,还将节奏中的数比关系延伸到视觉领域,通过对几何图形的研究发现了最具影响力的"黄金分割率"。到了公元前300年前后,欧几里得撰写的《几何原本》之中又进一步系统地论述了黄金分割问题,成为最早的相关论著。英国人约翰·米歇尔和艾伦·布朗用《神圣几何》一书延续和总结了对于几何学问题的讨论,希望能够让人们更清楚地看到那些人类与自然和谐共存的宇宙法则(图2-88~图2-91)。(引自《神圣几何》,作者:约翰·米歇尔、艾伦·布朗)

图2-88 "圣城"

图2-89 十个五角星形构成的圆形

图2-90 纺织机形状的八边形

图2-91 将圆分成十二等份

当然，音律关系和黄金分割都旨在研究和解决听觉及视觉的形式构成的基本问题，按照视觉的规律和合理的比例关系得到画面组织关系的和谐与能否获得艺术的感染力并不完全一致。吴冠中先生讲课时很少提及技术问题，而"意境"二字则频频出现。他鼓励学生要敏锐地捕捉眼前的景致，通过夸张等手段更加充分和强烈地表达个人感受，强调"形式感"的重要性。同时指出所有形式都只能是内容的外化和载体，是因意境传达的需要才催生出的更生动、更有趣的组织状态，意境应该是形式表现的目标和终极指向（图2-92~图2-99）。

图2-92　点状形态的构成　谢岫薇

图2-93　以水平线为主的构成　黄祎炜

图2-94 植物的节奏和组织 刘心明

图2-95　组织形态决定了意味和状态　何礼行

图2-96　动态和走势触动了心理和情绪　卢令闻

图2-97 色彩强化了景物的寓意 邵文沁

图2-98 色彩暗示了同学们的性格和偏好 宋玉涵

第二章 掌握色彩训练的基本方法

图2-99 色彩和形态共同揭示愉悦和欢快的主题 黄惠滟

色彩较之素描有着更直接和更真切的表现效果,因此,一直以来对于色彩的研究和使用是画家和设计师的重要课题。本次练习是在研究画家的基础上,提炼出不同的艺术家使用色彩的特点,并且能够将色彩表现的特性与画家所创造的意境联系起来,在研习的过程中要求学生认真感觉和体验那种意味,希望他们也能够用色彩把自己的想法、心绪和意境传达出来。

2. 用心情改变色彩

意境是人们置身在不同的环境时对于周边景色和状况的感悟及反映,也是一种对于特定场合的体察以及特殊心情下的遐想,在很多情况下,意境是人们共同或者近似的感受,也有一些敏感或者经历丰富的人有着更为强烈的思绪和更加独特的意境产生,无论是以文学还是绘画的方式,他们都能够将自己的感受表现出来,也使得其他人产生意境上的共鸣(图2-100~图2-103)。

图2-100 音乐主题1 辛叶桐

图2-101 音乐主题2 张月佳

图2-102 音乐主题3 李晔

图2-103 音乐主题4 冯筱然

艺术强调意境的传达和表现，是因为意境更强烈和深刻地反映了艺术家对于事物的感知和看法，那种意境有着与众不同的特殊性，也有着触及人心的感染力。艺术家会用自己的方式诠释对于意境的理解，也因此形成了富有个性的风格和样式。

一般来说，色彩写生解决了色彩的基本感觉和认知的问题，而在设计色彩中则希望学生们更加主动地调动色彩的力量，创造出更有特色的色彩关系。从色彩感觉的角度来看，人与人的差别并不太大，有人喜欢温暖的色调，更愿意使用红色与黄色，也有人偏爱蓝色、紫色，使画面更多地出现清冷的调式，利用和发展个人的偏好是形成色彩个性的基本途径（图2-104～图2-107）。

人们在不同的状态下和拥有不同的心情时，都会改变对色彩的感觉和看法，因此才有了艺术家可以借着酒力进行创作的说法，醉酒是否能够改变艺术家的色彩感知还不能够确认，但情绪激动时的挥洒的确有着打破惯性思维和常规处理的可能性。或许那种状态和情绪的变化只是短暂的，如何抓住那瞬间的变化，并且使其成为即兴创作的契机也是艺术家们一直都在体验和探究的有趣课题。

图2-104　音乐主题5　朴成恩

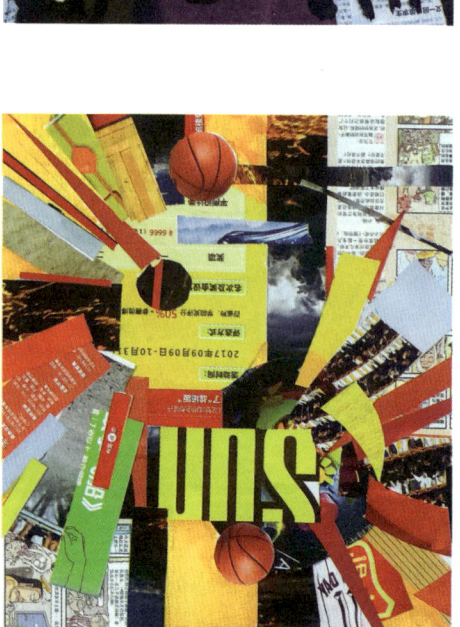

图2-105　音乐主题6　姜慧君　张璐

图2-106 音乐主题7 辛叶桐 赵金烨

图2-107 电影主题1 叶馨月

是否可以引导同学们进入某种状态呢？其实，这应该是老师的责任和研究课题。美国麻省艺术与设计学院的尼莫老师在来到中央工艺美术学院（现清华大学美术学院）授课时曾经要求学生们蒙上眼睛，在音乐或者诗句的意境和氛围中信手涂鸦，以更为直觉的方式寻找非同常规的表现效果。或许我们可以尝试在不同的节奏和不同蕴意的音乐环绕下，在不知不觉中让其作用于我们那根能够支配色彩的神经。

选择拼贴的方式完成这组以"音乐"和"电影"为主题的作业，正是利用拼贴即时、即兴的特点。无论是画报、杂志、照片，还是彩纸，都有一定的局限性，很难收集到所有需要的颜色。因此，有限的材料就成为拼贴画的特点，也许现有的颜色并不能表达作者的最初意图，但是随机的组合却可以打破固化的习惯（图2-108～图2-111）。

图2-108　电影主题2　朱佳淇

图2-109　电影主题3　黄惠艳

图2-110 电影主题4 谢岫薇

图2-111 电影主题5 刘心明

3. 有意而为的意境

今天的艺术较之以往有了很大的变化,架上绘画是不是已经穷途末路还不好说,但是新的艺术形式层出不穷却是不争的事实。从画面的尺度变得越来越大的情况来看,架上绘画的意义也与以往有了很大的不同,当一幅画已经发展到能够将观看者环绕和包围起来的时候,它的作用、影响和感召力就与小尺度的绘画作品有所区别了。面对较小画幅的作品时,人们可以将画面收入自己的视野之中,无论人们对于绘画的认识是否深刻,似乎画幅本身都能够尽在掌控,相反,在大尺度画幅的包围之下,人们自然而然地失去了控制画面的主动性。新奇和茫然正是艺术家试图加以利用的感觉,即便是人为的情景也具有极强的渗透力和压迫性。如图2-112、图2-113所示,课题要求同学以小组为单位绘制彩色的背景,然后用幻灯片打到较大的银幕上并加入动态和人物的行为与活动,显示有趣的色彩变化。如图2-114、图2-115所示,显示了较复杂的背景可以成就较多的变化,展开更多的故事。

图2-112 欢乐主题 廖星辰 叶欣妍

图2-113 运动主题 刘心明

图2-114　情绪主题　叶馨月

很遗憾，这里展示的只是各个小组绘制的背景图片，同学们与画面内容进行互动的情况没有记录和保存下来。具象画面中的形象往往能够激发和引导现场同学参与其中的更多联想，从而生发出不断变化的有趣关系。而那些抽象的画面则在与同学们的交集中衍生出更多的状况和意义。

图2-115　宇宙和危机主题　卡西西　陈卓扬

如图2-116所示，展示了较为抽象的背景，可以形成更有原始气息的景象，也是很好的选择。

如图2-117所示，抽象的绘画性可以营造更加富有艺术性的氛围，使活动的人物能够更加突出和更加明显地被表现出来。

图2-116　纷繁主题　刘征楠

图2-117　童话主题　张彤靖　任雨晴

在空间、形态和光影的共同作用之下，大型绘画或者装置所形成的氛围常常是非常特别和无法想象的，无论是艺术家还是学生都能够在面对难度较大的课题时被激发出更大的创作热情。因为本课程是针对色彩而进行的训练，所以在考虑大型的环境设计时，第一要素也是对于色彩的使用和安排，与单幅画不同的是要考虑作品与环境之间的关系，特别是要去预想当人们置身其中时的感受。由于创作条件的局限，我们圈定的范围是有限的，并且具体的实施无法完成，因此，大部分作业只能呈现虚拟的效果。尽管如此，本课题的意义却十分现实，今天的视觉传达设计已经不仅仅是在二维的平面上展开，三维的、实施在空间中的设计越来越多，多维度的设计和体验也是课题的重要部分。可以预见，随着虚拟现实技术的不断发展，当沉浸式的体验更加真实并且获得越来越广泛的运用时，本课题的作用和意义将会更大限度地释放出来。

本课题是以小组为单位，要求各小组成员利用可以想到的各种手段创造出有趣的色彩意境。如将熟悉的环境陌生化、微小的景致场面化、普通的场景荒诞化等，总之，既然我们已经参与到一个景象的设计和改造之中，就一定要呈现出非同寻常的视觉效果和心理感受：或庄严，或轻松，或奇幻，或现实，或单纯，或混沌等（图2-118~图2-125）。

图2-118　悦动主题　黄惠滟

图2-119　平稳主题　金建希

图2-120　画面中的人物1　王濛逅

图2-121　画面中的人物2　刘钰青

图2-122　画面中的人物3　刘钰青

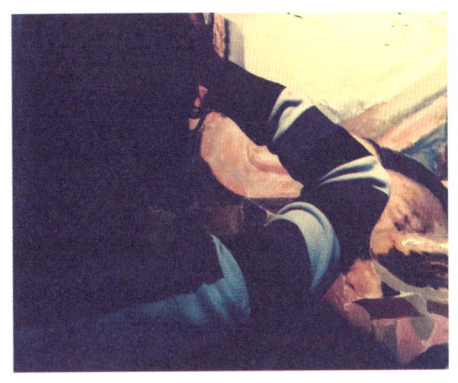
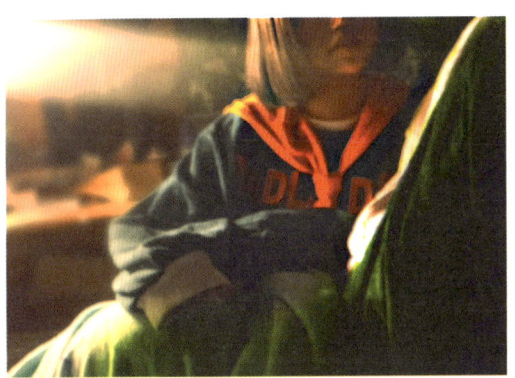

图2-123　光影与人物　张璐　王辛琪

图2-124　情景拼合1　李晔

图2-125　情景拼合2　王瀛返

第三章

一 **从历史的演进中看色彩的应用和变迁**

PPT课件

第一节　简单、丰富、单纯

1. 原始艺术的魅力

简单和单纯是有区别的，在评价绘画作品时，简单就意味着画面处理得不够充分，致使作品表现得直白和生硬，原因可能来自各个方面，造型、色彩、构图以及绘制的方法都会出现处理简单的问题，而最主要的问题还在于创作者感受的真切性和表现的独特性，如果不能把对象的特色、微妙和个人的独特感觉表现出来，就会让人觉得简单。如果没有真情实感、没有独特的认知，呈现出人云亦云和概念化的表现，其结果就是乏味和不能打动人。而原始艺术则是看似简单，实则丰富、单纯的艺术形式（图3-1、图3-2）。

关于那时候的人们为什么要在洞穴中画下这些东西的说法很多，其中巫术仪式说、标示记载说、游戏娱乐说都有一定的道理，而出于本能的表达欲望应该是更加自然和合理的解释，正如孩子们漫无目的地涂涂画画时，自我消遣的意味明显大于希望引起大人们关注的需求和心意。

图3-1　阿尔及利亚岩画

图3-2　广西壮族自治区花山岩画

一直以来，原始艺术在学术界都受到广泛的关注，在能够见到的洞穴绘画中，大部分形象简单、稚拙，有几分天真又有几分神秘，原始艺术的魅力并不依靠它的色彩，但是简明的色彩依然增加了原始艺术的质朴气息。其实，在很多情况下材料和工具的有限选择，或者作画条件的不利反而造就了某种特殊的味道和不一样的气质。很明显，原始人没有更多的颜料可以选择，那些蕴含铁质的矿石也许是能够用来研磨制粉，并可以在岩面上直接涂鸦的唯一画材，但是红褐色却使得那些出现在久远年代里的形象一直到今天依然保持着鲜明的效果和积极的活力（图3-3、图3-4）。

尽管艺术的标准很难统一，关于艺术作品应该是怎样的说法很多，但是有一个观点似乎人们都能够认可，那就是追求自然和反对做作。如果从这个角度说，原始艺术应该属于最自然和最不做作的那一类：其以最纯真的态度、最简约的方法、最天然的色彩记录下最直接的图形和意义。由于年代久远，经历风霜雨雪的侵蚀，原始画作也许已经不是当年的样子，共同参与创作的"时间"给那些形象留下了艺术家们也无法企及的印迹（图3-5）。

仔细观看那些洞穴中的绘画，即便使用了相似的材料，也因此呈现出相似的颜色效果，但是在形象处理方面仍然有着明显差异，相较其他地区，西班牙阿尔塔米拉山洞的岩画表现得相对严谨和细腻，或许，画者与生俱来带有描绘形象的能力。

图3-3　西班牙阿尔塔米拉山洞岩画

图3-4　澳大利亚岩画

图3-5　津巴布韦岩画

2. 衷心感谢印象派

如果讲到古典艺术与现代艺术的分野，保罗·塞尚就是不能不提的一个人，而印象派则是必须涉及的一个派别。塞尚用他的笔触分解了古典艺术的画家们一直以来都在苦苦追求的形象，使得色彩可以一定程度地游离于形象而具有更大的独立性，最有历史意义的就是他对于圣维克多山的描绘，记录了观看、理解、提炼、纠结和试验的心路历程，或许塞尚并不是有意而为，其他人却选择和放大了那些可以迁就自己的弦外之音。不必将笔触和色彩完全贴合于形体，里出外进的参差似乎能够提供更大、更宽广的表现天地，既然不能像前辈大师那么精巧地处理形象，那索性就为我所长，以自己的心情和自己的状态更加主动地挥动画笔，当笔触被解放出来的时候，最大的获益者就是色彩以及由色彩引发的抽象含义。塞尚的努力为现代艺术中更加主观地处理形象奠定了基石，也为日后画坛更大的变化埋下了伏笔。当人们津津乐道于莫奈的《日出印象》以及印象主义如何因此而得名的时候，一定不能忘记是勤勤恳恳、孜孜以求的先行者，是他们共同的努力才成就了传统画法向现代表现的转型（图3-6）。

图3-6 《圣维克多山》 塞尚

由于卡米耶·毕沙罗的介绍，塞尚参加了第一届印象派的画展，但因其画法有别于当时印象主义的主要干将，还是被后人定义在后期印象派的群落里。稍加比较就不难发现，画面的构图一直被塞尚十分严格地控制着，理性的处理可以渗透画面的各个局部。塞尚的伟大就在于他无法容忍对于形象的忽视，一定要想方设法地解决色彩与形象必须二选一的问题，正因如此，这种纠结抑或是痛苦也就自然而然地呈现在他的画面里。不断重复的笔触代替了具象细节的描述，色彩的叠加使得空间有了不断延伸的感觉，相同和近似的视觉形式共同构成了画面的抽象节奏，是否看到了草石山林并不重要，感受共振和欣赏韵味才是首先要做的事情（图3-7～图3-9）。

图3-7　《黑城堡上方靠近洞穴的岩石》　塞尚

相比之下，那些可以先把构图和形象放下，一门心思只考虑色彩的画家们就幸福了许多，露天的、光线的、色彩的、冷暖的，这些比较单纯的追求只把艺术家的视觉和感受放在第一位，当我们看到印象派画家们作品中温暖的阳光、明亮的感觉、亮丽的风景、斑斓的色彩，似乎能够体会到他们绘画时的愉悦和完成作品时的欣喜（图3-10、图3-11）。

印象派的贡献是巨大的，特别是在对于色彩的认识和使用方面有着划时代的意义，由于其打破了严谨塑形的禁锢，潜心于对色彩的关注，点画法简单到几乎所有的初学者都能轻易掌握，因此，一直到今天，无论是在色彩基础课的教学之中，还是在众多画家们的写生之中都不难看到印象主义的影响，很多作品依然留有印象派的痕迹，延续和重复着他们的画风（图3-12、图3-13）。

图3-8 《森林》 塞尚

图3-9 《树与岩石》 塞尚

图3-10 《阿让特伊的红帆船》 莫奈

图3-11 《布吉瓦尔的桥》 莫奈

图3-12 《旅顺的房子》 王嵬

图3-13 《房子和树》 王嵬

印象派留下的启示是多方面的。首先，任何突破都会有代价，一般情况下，只有在形象的塑造方面有所放松时，对于色彩的关注或者强化才得以实现，没有放弃也就很难获得。画家们聪明地将突破点选择在风景画上，一个朦胧的意象并不会降低景色的真实性，当人们逐渐适应了这种松散的形态时，人物的表现就成了顺理成章的事情，不确定性似乎也是一种美感，因为人也生活在空气中。其次，人们对于形态的感受力是有差别的，感觉敏锐和表达力强的毕竟是少数，印象派的画法无形中减弱了绘画的技术性要求，从而也使得进入绘画殿堂的门槛降低了许多，当更多的人学着拿起笔参与艺术创作的时候，应该是多么美妙的情景。还有，当绘画一定程度上摆脱造型的束缚以后，色彩的魅力被充分地释放出来，其实如果我们面对真实的景象时，会发现眼前的色彩并没有那么丰富和绚丽，画家们用自己的理念和才华，挖掘和展示了阳光下色彩的斑斓，同时也激发了普通人对于色彩的感知能力，擦亮了人们观看和欣赏色彩的眼睛（图3-14）。

莫奈之伟大不仅仅是因为那幅让他青史留名的《日出印象》，看看那一幅接一幅的《鲁昂大教堂》《草垛》就会情不自禁地对他肃然起敬，在挥洒颜色、捕捉感觉的同时，不懈的努力和坚守的执着又让人们察觉到一位艺术家的理性潜质。

图3-14 《鲁昂大教堂》系列 莫奈

3. 回归单纯

在古典艺术中如何真实和完整地塑造好形象是画家们的主要追求，比如，透视和素描的基本原理都是文艺复兴时期绘画的研究成果，色彩从属于造型，色调以明度的深浅变化为主，特别是对于暗部的处理相对简单。印象主义的出现使得这一现象有了极大改观，尽管在此之前也有许多画家为此努力，为印象主义的出现奠定了基础，但是，目标明确地针对色彩的研究和试验，的确是印象派画家们的宗旨和意图。他们从光线的变化入手，强调色彩的丰富感和色调变化的微妙性，色彩的美感甚至颜料的美感都被空前挖掘出来，看看莫奈画的《草垛》《鲁昂大教堂》等系列作品，让人们不得不对他们的坚韧、耐心和意志力肃然起敬。灰暗的色彩不见了，背光面和阴影中那些轻松和跳跃的色块令人感到前所未有的愉快和轻松（图3-15）。

第三章 从历史的演进中看色彩的应用和变迁

图3-15 《草垛》系列 莫奈

作为现代艺术的开拓者,塞尚希望把古典艺术的造型与印象主义的色彩兼顾起来,将两种视觉要素的特质与美感同时展现在一幅画面中。为此,他有过许多尝试和努力,以至于他的画面看上去有些笨拙。人们常说,当命运在你面前关上一扇门的时候,也会帮你打开一扇窗。塞尚虽然没有古典画家们那般精巧的造型表现力,但为他打开另一扇窗户的,似乎不完全是命运。后来的人们在他的画里看到或者领悟出某些不一样的东西,更加神奇的样式和变化出现在他们各不相同的画风里。其实,另外两位被归入后期印象派的画家文森特·威廉·凡·高和保罗·高更似乎也都意识到,画面中除了色彩之外,也有同样重要的、需要关注的造型问题,他们不满足于即刻而片面地追求光和色,强调作品要抒发艺术家的情感,开始尝试色彩及形体的表现性(图3-16、图3-17)。

图3-16 有奶罐和水果的静物 塞尚

在塞尚的画面中所有的形态都被统合起来,它们似乎被规划成一个整体的、有机的和相互连接的网状结构,任何局部前后、上下和左右的牵引拉拽都会形成整体的变形,无论是哪个

图3-17 有果盘的静物(局部) 塞尚

方向的倾斜都会强化视觉张力以及产生明显的律动。

今天看来简单的问题，在当时很可能是一条难以逾越的鸿沟，无论是印象主义之于古典艺术，还是后印象主义之于印象主义的改变都不是一蹴而就的，但是每一次改变都有不得不变的理由。印象主义强调色彩变化的微妙性，因此在很大程度上放弃了对于形态的关注，问题并不难理解，试想，一条线原本是笔直的，细碎的笔触呈现了色彩的变化，但也破坏了线条直挺和连贯的力度。一条线尚且如此，更何况在整个画面中，如果我们看到的都是细碎的点状形态时，感受到的就只能是朦胧的场景和寓意不明的气氛了（图3-18、图3-19）。

塞尚、凡·高和高更的共同之处是在保留一定的色彩变化的同时，将轮廓和形态也展现出来，进一步强化造型在画面中的意义，也因此形成了后期印象主义的主要特征。当色块和形态再次被唤醒之后，视觉的力量又回归了画面，从更深层的意义来看，对于色彩的整理和归纳意味着不再盲目地追随对象，不再一味地拷贝眼前所看到的东西。这里还要说明，印象派对于色彩较为客观的表达也是相对的，任何形式的艺术作品都要对现实进行提炼和表现，只是它们处理和改变的程度有所不同。肯定有人不满足于只是客观地描绘色彩，1901年就有法国画家埃尔韦首次使用了"表现主义"一词，用以强调自己的画法与印象派的区别，也有人将凡·高和马蒂斯等都归入表现主义，他们更希望通过作品表现内心的感情，并不过多地描绘客观对象，传达个人的感受和强化画面的表现性才是艺术追求的宗旨，正因如此，那种忧郁、孤寂和恐惧的感觉常常会出现在他们的画面里，扭曲和一定程度的抽象形象恰如其分地传达了这些情绪（图3-20、图3-21）。

图3-18 《埃拉尼的多云春季早晨》 毕沙罗

图3-19 《埃拉尼的多云秋季早晨》 毕沙罗

图3-20 《朗格卢瓦大桥》 凡·高

图3-21 《布列塔尼戴维厂的风景》 高更

其中,马蒂斯是个例外,他的色彩保留了印象主义画家们通常具备的丰富和明快的特点,同时也用概括的手法表现了色彩的直接和鲜明,不仅如此,在他的画里找不到一般表现主义画家们的那种绝望和荒诞的气息,在大块和简约的色彩里满满地透出的都是美好和惬意、舒适和轻松。不得不说,绘画就是这样神奇,同样的风格和同样的色彩却能够表达出各不相同的意义(图3-22)。

在感叹马蒂斯画面的悦目、色彩的明快、笔触的流畅、气氛的惬意时,不能忽视他对构图的经营和把控,所有的规划、缜密、严苛和算度都被他不留痕迹、不易察觉地表达和融汇在轻松、随意的氛围里。

图3-22 [《鱼缸》(左) 《银莲花和中式花瓶》(右上) 《蓝色地毯和玫瑰杜鹃》(右下)] 马蒂斯

第二节　情结、心理、累积

1. 无法忽视的象征

色彩的象征性是色彩使用和设计中的重要问题，人类对于色彩有基于视觉的、直接的感受，并由此产生对于色彩的原始认知，这种感受和认知通常具有普遍性和共同性，同时，也有在时间岁月里和社会生活中累积并留下的引申寓意，这就是色彩的象征性。需要说明的是，象征性会在一定的时期、一定的范围、一定的人群中获得共同认可，它的指代作用和引申意义具有较强的指向性。例如，绿色是自然界里树木和青草的颜色，它意味着植物的生发和成长，因此，绿色除了代表植物之外又有了生机和发展的意味。由于绿色是自然界原生的色彩，近年来，在人们强调保护自然环境，保护原始生态的时候，绿色就有了象征自然，代表美好生态环境的意义。此外，思想意识的变化、社会形态的更迭、组织宣传的导引也都会使色彩的意义和象征性发生变化（图3-23、图3-24）。

图3-23　《俄尔普斯》　雷东

图3-24　《维奥莉特海曼画像》　雷东

对于象征主义绘画常有这样的描述："自1885年起一种以象征主义为名，对理想主义倾向的逆反在文学和造型艺术领域同时发展起来，画家和作家不再致力于忠实地表现外部世界，而是要通过象征的、隐喻的和装饰性的画面来表现虚幻的梦想以启示于人。"从广泛的意义上来说，象征的手法应该贯穿艺术史发展的始终，除了面对人物、物品、景致的直接描写和传达之外，艺术作品更多还是在抒发和展现艺术家的感受和理念，利用眼前的事物进行隐喻和暗示自己的思想和心情。象征的手法也因此自然产生。既然理想并不存在于现实之中，那么自由的幻想以及缥缈的意境一定会出现在绘画之中（图3-25、图3-26）。

狭义象征主义绘画的代表性人物主要是法国画家摩罗、夏凡纳和雷东等，严格地说，他们没有创造一种新的绘画形式，也没有一般流派的特异和创新的特征，他们关心的是诗意的表达和玄理的揭示。因此，"象征主义绘画是一种以感情为基础的对新内容的探索，不是以理智或客观的观察为基础，而是超越外表的直觉的内在力量和想象"。在此，我们可以抓住的关键点是：重情感和重想象（图3-27、图3-28）。

从画面的效果来看，象征主义绘画试图传达作者的观念和思想，因此，情节的描绘并不是表现的重点，画家们笔下的人物、景物，特别是状态、氛围、整体关系都具有一定的超现实感，超乎寻常的组合以及莫名的状态是象征意味形成的基础，选择有指向的色彩也是它的标志和特色。

图3-25 《菩萨》 雷东

图3-26 《带光环的圣母》 雷东

图3-27 《秋天》(局部) 摩罗

图3-28 《死亡之岛系列之一》 阿诺德·勃克林

如果从色彩的角度说,象征的意义是超越派别的。由于每一位艺术家对于色彩的感觉不同,色彩本身就有着较强的情感性,带有象征意义的色彩可能会出现在各种风格的绘画形式中。但是,有特色的艺术家一定会有自己喜欢使用的色彩,从而形成富有个性的色彩象征。凡·高的画里有大量的黄色出现,它们是来自麦田、向日葵、灯光的颜色,进而也是光明、热情和自由的象征,以至于一提到凡·高,我们眼前就会立即浮现出那些明亮的黄色,反过来,凡·高习惯使用的黄色也成为其艺术的象征（图3-29～图3-32）。

图3-29 《向日葵》 凡·高

图3-30 《星空下的咖啡馆》 凡·高

图3-31 《播种者》 凡·高

图3-32 《自画像》 凡·高

高更似乎更有理由被归入象征主义的群体之中，与凡·高不同的是，他更喜欢在画面中安排大块的色彩，表面的处理比较平面，经过归纳的形象具有较强的装饰性，无论是主题、形象、画法，还是色彩，都不是客观现实的直接摹写，特别是色彩的使用表现出极强的主观性。红、黄、蓝、绿和粉色常常是画面的主调色彩，不难发现，粉色是其中最特殊和最有表现力的颜色，我们不知道塔希提岛上的沙土在阳光的照射下是否会呈现粉红的感觉，也不知道高更为什么会那么喜欢这种颜色，顽强又不断出现的粉色的确让人感到那种原始、悠长、神秘，以及略显遥远的异域特征，与凡·高之黄一样，粉色可以代表高更（图3-33、图3-34）。

图3-33 《神灵在注视》 高更

图3-34 《贞洁的沦丧》 高更

图3-35 《桃源县境图卷》 王彪

2. 中国人的色彩情结

在中国人使用色彩的历史中有两个最有特色的部分：一是隋代以来慢慢出现的青绿山水；二是存在和发展了很长时间的敦煌壁画。

青绿山水是中国绘画中色彩使用充分、视觉感受独特的画种，严格地说，青绿山水是在唐代发展和完善成型的，由于大量地使用矿物质颜料石青和石绿绘制山水画，形成了既有比较丰富和夸张的色彩变化，又有单纯和强烈效果的用色规制。一般把青绿山水分成大青绿和小青绿两种，前者在勾勒出山体的外形之后就用石青、石绿进行色彩渲染，并且找出更多的层次变化，而小青绿则是用墨基本上完成了对山水主体的勾勒和渲染之后，再用蓝绿色进行罩染晕色。很明显，由于大青绿的用色较浓，色彩和意境的效果更加强烈（图3-35）。

水墨画以水为媒形成浓淡效果，很明显那是对自然色彩高度提炼的结果，明度的变化原本就是色彩的三种要素之一，即便罔顾其他，深浅依然是可以独立的基本因素。色彩指向不甚明确的灰色可能偏红、偏绿、偏黄或者偏向紫色，正如中国绘画中的留白寓意了想象中的千山万水，深浅不同的水墨也暗示着五彩缤纷的万千颜色。

唐代画家李思训是青绿山水的代表性人物，他的笔力遒劲，画风严整，多以金碧青绿的浓重颜色去表现那些山水间的幽居之所，除了设色的独特之外，也能以曲折多变的笔法勾画出丘壑的变化。通过他的绘画可以大致看到从小青绿到大青绿山水画的发展与成熟过程。李思训的金碧山水对于中国山水画的发展产生了巨大而深远的影响，其后，山水画中的青绿山水就是他这派画风的延续（图3-36、图3-37）。直到今天我们依然能够看到青绿山水的影响，许多画家都愿意使用传统颜料石青和石绿，离我们比较近的画家是张大千，在他的泼墨山水画中使用了大量的蓝绿色，在黑色的映衬下那些色彩显得特别纯粹和明丽，一改传统青绿山水的沉厚和凝滞，蓝色和绿色在他的画中灵动、跳跃，被艺术家赋予了无限的生命力（图3-38、图3-39）。

图3-36 《千里江山图》 王希孟

图3-37 《丘壑磊砢图》 傅山

图3-38 《十万图之三》 任熊

图3-39 《泼墨山水》 张大千

在我们感叹中国绘画中色彩使用得越来越少的时候,敦煌反而成了色彩的聚集地,历朝历代的艺术家、画师和工匠们似乎都把自己的用色才华倾泻在那些壁画、彩绘、藻井里。根据记载,敦煌莫高窟最早开凿于公元366年,经过不断地建造逐渐成为佛门圣地,虽经破坏,至今仍留有自十六国、北魏、西周至宋、元等十几个朝代的洞窟共492个,仅壁画就有四万五千多平方米,一座巨型的艺术博物馆就在那条著名的河西走廊上绵延了1600米。敦煌莫高窟不仅为后人提供了丰富的历史、宗教、文化、艺术资料,从色彩的角度来看,也为今天的艺术家们演示了大量使用色彩的成功范例,无论是绘画、雕塑,还是建筑、环境、服装、工业以及平面设计都从莫高窟的艺术中汲取着灵感,在这条源源流淌的艺术长河中获得具体和真切的经验,使中国艺术的传统不断延续(图3-40、图3-41)。

壁画中经常出现的石青、石绿、棕红、深褐、土黄和黑色形成了用色的特点,尽管在不同的朝代中色调的使用有所不同,但依然保留了一些共同的特征。由于大部分壁画年代久远,经过人为的破坏和岁月的侵蚀,很多颜色应该已经不是当初的模样了,但是,谁又能说历尽沧桑就一定不是好事呢?同时,颜料的制作和使用有相辅相成的关系,固定的颜料会限制色调的变化,也会形成色彩使用的特质(图3-42、图3-43)。

除了矿物质颜料能够坚固持久之外,画工们对色彩的巧妙安排与合理使用也是使色彩醇厚典雅的重要因素,很多我们熟悉的画面都采用以红绿对比为主的色调,但同样的红绿对比又处理得十分不同,如明亮的朱红对应偏暖的粉绿、较亮的中绿搭配偏暗的大红、偏冷的粉绿衬托发黑的棕红。

图3-40 敦煌壁画1

图3-41 敦煌壁画2

图3-42 敦煌壁画3

图3-43 敦煌壁画4

3. 民间艺术的色彩启示

中国绘画的又一条线索是文人画，文人画于唐代萌芽，到了宋代兴盛起来直至元代这期间被称为文人画的黄金时期。文人画家是那些在绘画方面有一定造诣的文人和士大夫，他们有别于在宫廷任职的院体画家，也和活跃在民间的画工不同，文人画注重体现作画人的思想状态和精神气质，强调利用绘画抒发情感，希望在绘画中营造诗一般的氛围和意境。元末画家倪瓒有过这样的描述："画者不过逸笔草草，不求形似，聊以自娱，写胸中逸气耳。"可以看出他们求神而不求形，寥寥数笔表达出心绪即可，画面要尽可能简化，无关的东西均可取消甚至归"零"，"零"即是白，即是空，空白能给人以深远悠长的感受，正所谓"计白当黑"。或许是在文人画理念的影响之下，中国画中追求简约的意识越来越浓，色彩清淡，以墨色为主，构图简约，以留白为主，形成了极强的绘画特点。尤其是在色彩的运用和构图的处理上与西方绘画有了极大不同，有观点认为，正是文人画理念的流传和不断地强化才使得在中国画中色彩发展的滞后，文人画是以墨色作画的典型代表，也是水墨画发展的极致，不可否认的是：文人画无论在思想追求方面还是形式探索方面都做出了巨大的贡献，也使得中国绘画可以在世界画坛上独树一帜（图3-44、图3-45）。

在以墨为主的中国绘画里有墨分五色的说法，艺术家有意识地不用或者尽量少用色彩，希望以墨色的浓淡和深浅表现色彩的变化，点染皴擦之间，作品呈现出形式一致的古朴和单纯，观看者也不由自主地走进了一个广阔、安宁和悠远的世界中。应该说，任何角度的归纳都是将现实生活艺术化的追求，也是画面处理的基本要求，艺术作品原本就不是对于真实景象的描摹和复制（图3-46、图3-47）。

图3-44　宋人花鸟1

图3-45　宋人花鸟2

在文人画刻意追求画面简约，追求色彩单纯的时候，民间艺术却做出了完全相反的选择，生活在社会底层的民间艺术家们把色彩的使用和表现推向了极致。无论是剪纸、刺绣、染织，还是拼贴、泥塑、彩雕……在民间艺术的各个门类中都有熟练地驾驭颜料、巧妙地运用色彩的真实范本。有意思的是，民间艺术中的色彩常常会表现得更加纯艳、鲜明、极端，比如红与绿、黄与紫、蓝与橙的色彩对照比比皆是，教科书里强调的补色对比、原色对比、间色对比的画面都能在民间艺术中找到确切的案例。或许是因为生活中他们能够看到的色彩实在太少，或许是只有鲜艳的色彩才能表达出他们的喜悦和幸福，或许是非要明媚和强烈的对比关系才能够消除生活的阴霾，使那些不谙世事的心灵获得安抚和慰藉（图3-48、图3-49）。

图3-46　宋人花鸟3

图3-47　宋人花鸟4

图3-48　福禄寿图　福建泉州

图3-49　三官大帝　北京

当然，民间艺术家并不是只会毫无节制地泼洒色彩、没有章法地挥霍对比，认真感受和仔细分析就不难看出，在民间艺术中对于色彩的使用十分巧妙，也非常合理，前面的章节中我们提到的那些怎样使色彩，在对比中求得调和的方法许多是来自民间艺术的启示。比如，在水印版画里当红色和绿色同时使用时，原本纯艳的红色和绿色都被清水进行了稀释，留在画面上的红色和绿色已经变成淡红色和淡绿色，完全没有了争斗的锐气而变得一团和气。同样，当红色和绿色鲜艳不减、横刀对峙的时候，又有黑色的条带横亘其间，阻挡了它们的直接冲突，同时还激发出相互映衬的并置之美。对于民间艺术的关注和挖掘，会使我们今天的艺术获得长久的发展和永恒的生命力（图3-50～图3-52）。

今天，我们能看到许多非物质文化遗产的传承人都执着于民间艺术。他们中的一些人毕业于美术学院，在校时想必有过色彩方面的训练和学习，这与当年那些坚守在乡野民间的艺术家有着很大的区别，但是，色彩就是色彩，除了理论之外，经验和传承、感受和直觉才是最硬的道理。

图3-50　关公财神　山西临汾

图3-51　牛马王　陕西蒲城

图3-52　土地神位　陕西蒲城

第三节 平面、服装、工业和环境设计

1. 醒目的平面表现

在我们的生活中，平面设计无处不在，书籍、课本、食品包装，各类商品的传单、海报、广告等，平面设计的作品比比皆是，从设计门类的角度看并没有类型上特殊的禁忌和要求，因为每一件设计作品都是针对特殊的对象，在特殊要求之下产生的，如果有幸了解那些作品的创作缘由，其背后或许都有一段非常有趣的故事。设计作品的造型形态、形象特点以及色彩的搭配和处理都是其所处历史阶段、社会环境、审美情趣和行业惯性的必然反映（图3-53~图3-55）。

图3-53　大阪水族馆海报　田中一光

图3-54　日本主题海报　田中一光

图3-55　插花艺术展主题海报　田中一光

田中一光先生的海报设计形象流畅概括、色彩明快沉稳、构图简洁优雅，是平面设计用色的典型范例。

比如，食品类的包装多用红色、黄色、橘色等偏暖的色彩，因为生活中真实的食品也是偏暖的色系，暖色系、较亮的色彩更能够引起食欲，使观看者更容易联想到包装中物品的内容和品质。当然，这并不是说其他的色彩就一概不能使用，如薄荷糖的包装一般会选择绿色，而与葡萄等紫色物产相关的食品包装也自然会以紫色为基调，色彩的确定大多要符合人们长久以来的色彩印象，违背常规往往会出现相反的效果，设计者在做出色调的抉择之前，一定要进行充分的消费者心理和市场现状的调查，特别是在选择那些反常规的色彩时，要有变化的意图和理由（图3-56～图3-61）。

图3-56　麦片包装针对不同类型的用户用不同的色调加以区分，使不同的家庭成员各得其所，增加了用餐的乐趣　杨洁骎　牟馨竹

图3-57　饺子礼盒用纯度较高的色彩渲染节日的气氛，不同的主题色代表不同的馅料口味　姜文　王玥琪　李琳

图3-58　洁浴用品的包装选择接近产品本色的暖灰色调，以凸显产品的天然材质　张清溪　朱俞蓉

图3-59　香皂包装用高明度的清淡色突出产品特性，通过色彩让人感受到产品的淡淡清香　俞思淼　李维乐

图3-60　拉面的包装以红色为主，强烈、直截了当，色彩和图案都暗示了产品的特色和历史　张梅　支良

图3-61　轻便服装的包装，在白色的衬托下绿色显得格外清新，显示了服装的轻便和舒适　林悦　王梓辛

针对不同的地区、不同的国家，甚至不同年龄层的人群，色彩的选择都要有所不同，正确的颜色意味着成功了一半，错误的颜色很可能会使产品陷入绝境。在封面设计中对于色调的使用不像产品包装设计的规定性那么强，有着更大的宽容度，以文学作品为例，由于每个人对于小说、散文、诗歌作品的理解有所不同，设计者会将个人的理解融入设计之中，结合恰当的色彩，并且能够深入地研究和理解作品，反映出作品的特色和感受的，才是好的设计作品（图3-62～图3-66）。

图3-62　古巴电影海报　欧伯特　斯蒂芬特　　　　图3-63　古巴戏剧海报　卡门

图3-64　古巴电影海报　琪琪　　　图3-65　古巴海报　切·格瓦拉　　　图3-66　古巴海报　戴维斯

如果一定要简单概括设计类型用色的特色，平面设计的色彩要求是鲜明和醒目，在众多的同类产品之中能够做到先声夺人，使消费者最先关注到你的包装就是最基本的要求。与绘画相比，设计更注重当下的潮流和环境，尽管色彩的使用也有审美情趣的传统和惯性，但是有一些禁忌似乎就很难触碰，稍加留意就不难发现，在国内的各类包装设计中黑色调就较少使用。对于黑色有这样的描述："在文化意义层面，黑色是宇宙的底色，代表安宁，也是一切的归宿。"或许正是这一层归宿的意味使得黑色在我们眼中显得遥远、神秘、可畏又可敬。很明显，对于黑色的意义和认知在日本却有着很大的不同，田中一光先生曾在海报设计中较多使用黑色，取得了很好的视觉效果。（图3-67、图3-68）。

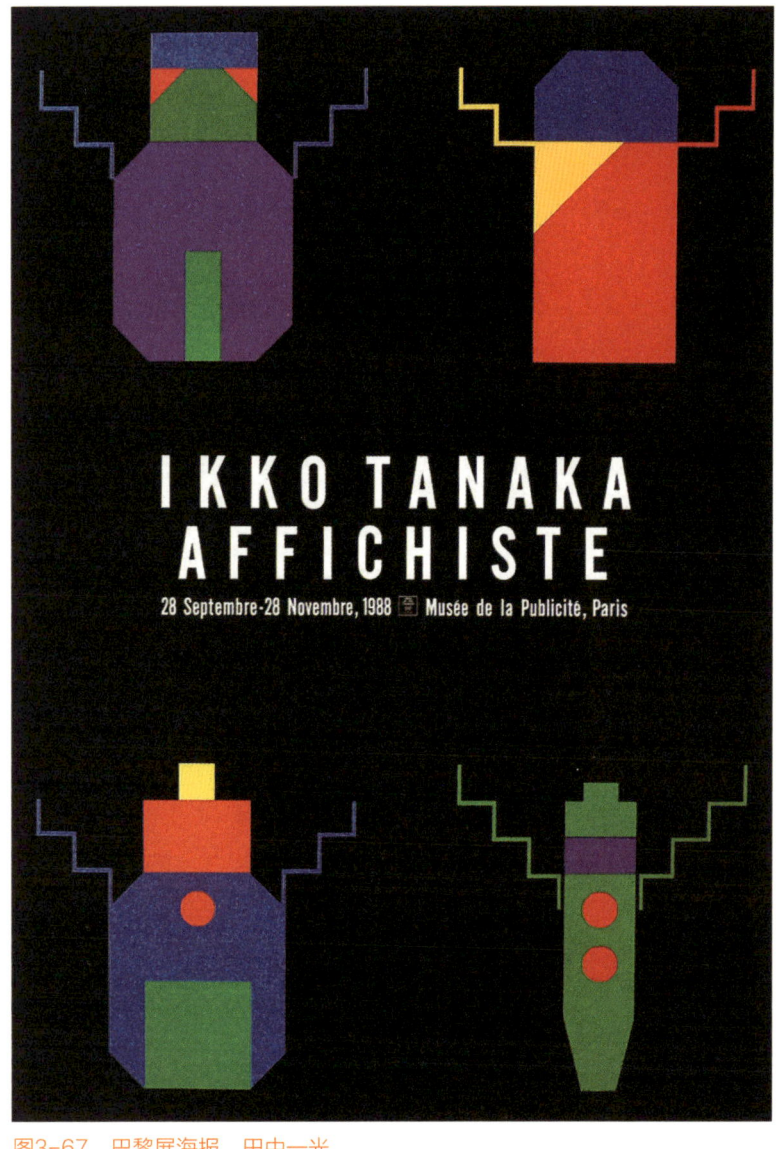

图3-68 奈良展海报　田中一光

图3-67 巴黎展海报　田中一光

2. 色彩优雅的服装

服装与人们的生活关系紧密，俗话说：人靠衣裳马靠鞍。其实，今天衣着的意义已经不仅仅是御寒遮体，也不只是利用服装显示社会地位和表明职业身份，更多是通过服装追求理想的生活，张扬时尚和个性，无论是服装的款式还是服装的色彩都有了质的飞跃，进入了服装设计的崭新时期。如果从色彩的角度看，服装设计的用色是最宽泛的，同时，也是色彩变化最微妙的，除了在节日、庆典、戏剧和演出时较多使用强烈和鲜艳的色彩之外，日常生活中的服装一般会选择偏灰的色彩。影响服装用色的因素很多，除了地域、宗教、文化、审美习惯、时尚追求之外，工业水平和技术能力也在很大程度上决定了色彩的格调以及使用，甚至引导着色彩的潮流（图3-69～图3-74）。

图3-69 在暗灰色调的映衬下，灰绿色反而比较鲜明

图3-70 暗红色的外套与深绿色的内搭形成补色关系

图3-71 典型的红色、黄色、蓝色原色对比，其中红色为主，蓝色最少

图3-72 绿色的上衣搭配黑白花裙子、黑色的迷你包，加强了明度对比

图3-73 内搭的黑色与粉色外衣的对比，使整套服装色调丰富

图3-74 同样是红色、黄色、蓝色原色对比，但在灰蓝色和深红色的映衬下，淡黄色的背包显得特别明快

流行于云南、贵州一带少数民族地区的蜡染是一种十分古老的染色技术，其工艺并不复杂，稍做了解便可以进行染布制作，因此，常常在艺术院校染服专业中作为训练学生动手能力的必修课程。蜡染是在自制的土布上，用融化的蜡，画出各式各样美丽的图案花纹，然后用当地植物所制作的染料进行漂染，完成后再将蜡在热水中融化洗掉，白色的图案就在古朴、靛蓝的底色中呈现出来，蓝白对比强烈但又十分协调，其色彩简朴、单纯，长久以来并没有太大的变化，一直延续到今天。尽管使用新的技术能够很容易取代那种古老的做法，但是人们依然愿意通过手工的方式保持蜡染布料原汁原味的传统气息。这个事例似乎告诉我们，美是一种传承，也是习惯和文化的积累。虽然古老的染布方法有着很大的局限性，没有其他的色彩可以选择，仅有的靛蓝反而成为蜡染的特色，一成不变的色彩就是其美感的策源地（图3-75～图3-80）。

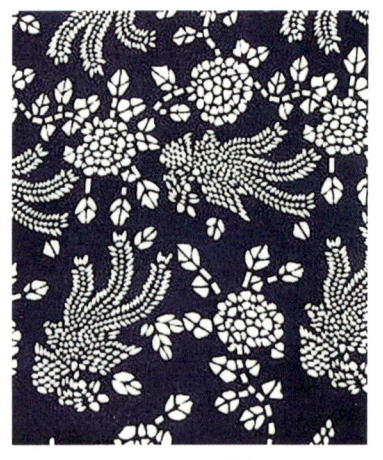

图3-75 传统的蓝印花布

图3-76 被保留至今的传统图案

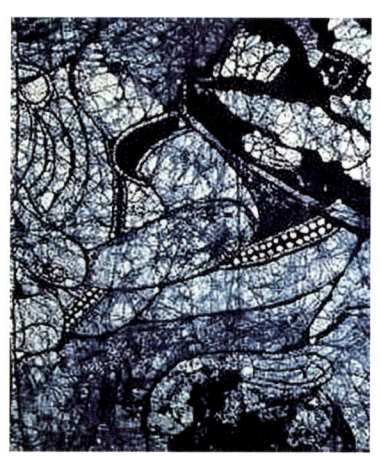

图3-77 同样的材料由于印染方法不同，产生了丰富的视觉效果

图3-78 白花和蓝底是印花布的特色，也使服装形成了独特的样貌

图3-79 蓝印花布中图案的设计与色彩效果巧妙结合

图3-80 细腻优雅的蓝印花布的色彩和纹样

第三章 从历史的演进中看色彩的应用和变迁

图3-81 色彩与款式的统一

对于服装设计来说，品牌的定位常常意味着色彩的选择，或男装或女装，或高档或低端，或高雅或通俗，或古怪或奇异，一旦有了明确的针对性，有了设计的倾向性，就一定会选择相应的色彩，用色彩来体现经营者的理念和传达设计者的创意。比如，某女装品牌不走寻常路，以黑色作为主打颜色，所有的款式无论它们的形态有多少变化，黑色是永恒不变的，无论宽窄、长短、色彩都是一样的。这样的结果不但没有使该品牌走入绝境，反而聚集了众多拥戴者，成为追逐黑色的忠实粉丝。由此可见，对于今天的人们来说，个性的挖掘才有更大的吸引力。黑色和白色是所有色彩分别走向暗淡和明亮的两极，也是各种色彩的简约和替代（图3-81～图3-87）。

图3-82 白色服装上的金色图案表现了高贵和整体、肃穆的设计诉求

图3-83 双排纽扣和绿色裙装借鉴了军服的特质

图3-84 以黑色为主的时装表现出庄严和肃穆感

图3-85 黑色装束中的白色块和条格使严肃的气氛有了几分活跃感

图3-86 袖口、领扣和肩牌都有军服元素，黑色加强了服装的视觉效果

图3-87 黑色皮质的材料，使款式活泼的裙装具有了工整和严肃感

与此相反，很多品牌是以使用同色系的多种、类似的色彩取胜，这样的做法能够争取到更多人的喜欢和青睐。建立较大的色彩集群，可以使品牌旗下的产品有更多的变化。其实，没有受过专业训练的人或许无法分清那些微妙的色彩变化，只有当颜色并置和相互对比时才能看出邻近色的差异，因此，经常选择使用那些偏灰的色彩，对于购买者来说也是色彩感受的训练和学习。色彩与环境是息息相关的，特别是在环境色彩不断变化的时候，服装色彩选择应该有越来越多与之搭配的思考和默契（图3-88~图3-93）。

图3-88　色彩在富有民族风格的时装中的巧妙运用

图3-89 形态、色彩和装饰元素都可以显示民族风格

图3-90 强烈的色彩效果和装饰纹样是这套服装的特色

图3-91 以色彩的特性来突出服装的视觉感受

图3-92 偏湖蓝的主色在粉红色的点缀下显得特别明快

图3-93 胸衣的紫色与裙袖的黄色形成对比

3. 富于质感的工业产品

"工业设计是指以工学、美学和经济学为基础,对于工业产品所进行的综合性设计",更进一步地描述是:"工业设计涉及心理学、社会学、美学……与其他艺术、生产活动、工艺制作等都有明显的不同,它是各种学科、技术和审美观念的交叉产物。"这两段文字大致表明了工业设计的性质及其审美思考的价值和作用,一般来说,人们在选择工业产品时,首先考虑的是产品的品质、功能、实用性,只有当产品的品质和功能相同时,外观和色彩的因素才会被考虑进去(图3-94~图3-98)。

图3-94 以单色为主是产品色彩设计的特色之一

图3-95 色彩的变化大多与功能有关

图3-96 黄色增强了产品的时尚感

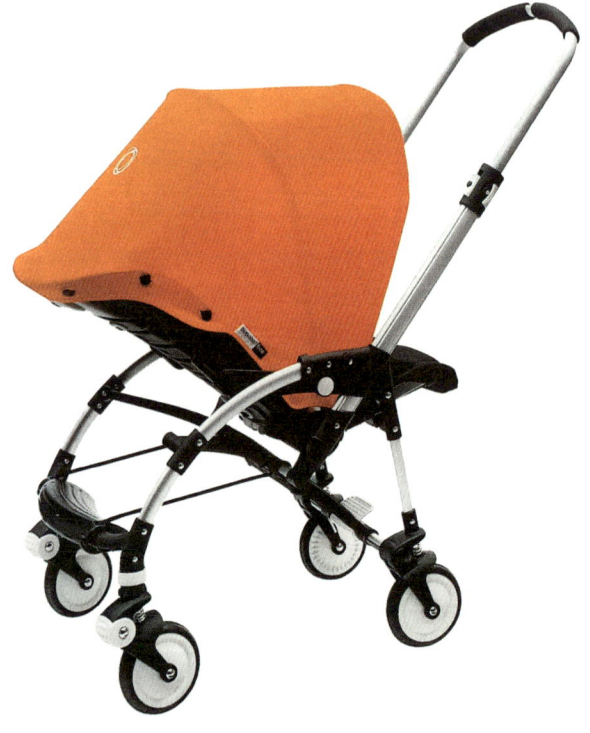

图3-97 童车上使用的橘黄色有很强的警示性和鲜明性

图3-98 清扫车运用引人注目的明黄色

如果只从审美的角度决定是否购买某样产品，该产品就应该已经具备工艺品的性质，当然，实用品与工艺品之间的界限并不容易划分，从普通实用品变成工艺品的例子比比皆是，更何况生产者也希望将实用和审美的意图共同实现。陶瓷制品应该是最好的例证，目前，陶瓷制品的生产基本上分成日用瓷和艺术瓷两种，日用瓷是针对日常生活而设计制作的产品，艺术瓷则主要是从审美的角度出发完成一件艺术品，用于摆放和欣赏。陶瓷是陪伴人类成长和发展时间最长、历史最为悠久的产品之一，因此，从历史和文化的角度出发，我们通常会把陶瓷专业独立出来，使陶瓷有别于一般的工业设计产品也是为了强调它的艺术属性（图3-99～图3-104）。

图3-99　这款器皿的设计特色在于造型，复杂的形体变化，使色彩也产生了丰富的变化

图3-100　在光的作用下，玻璃的色彩显得湿润又柔和

图3-101　宝蓝色是这套器皿的设计特色，高雅沉稳

图3-102　器皿上、中、下三个部分的形状与色彩都形成了对比关系

图3-103　乳白色突出了这套器具的高贵和雅致

图3-104　简单的造型与单纯的色彩彰显了壶的特色和个性

不可否认的是在工业设计中占主导地位的还是对于功能和结构的设计,是它们的存在决定了外观形态的面貌和走势,甚至左右和改变了审美的价值取向。当我们还在感叹飞机两翼挺直和伸展的美感时,超音速的隐形飞机已经收起了翅膀,将它们紧紧地贴合在机身两旁,传统的审美观受到挑战,如果更认可或强调速度,就必须同时接受那种近乎菱形的外观,在追求速度的层面上审美情趣也随之发生改变(图3-105~图3-107)。

人们更认同那些能够体现产品材质的色彩,因为材料、质感、性状、品质是紧密联系的,由于表面的光滑度会影响光的反射,被反射出的颜色和质地的感觉也会暗示材料的类型、高级与否。稍加留意就能感觉到高档轿车与廉价轿车的车身涂料有很大的区别,同样的色相它们的表现却大有不同,高档车的漆面细致浑然,其质感深邃、有厚度,让人觉得它不是一层漆皮,而是已经渗透机壳的东西。低档漆则比较浅薄,让人觉得只是一层一敲即碎的漆皮。真皮和人造革、金属与塑料等也给人类似的感觉,人们常常仅凭直觉就可以做出正确的选择,而语言却很难进行细腻、贴切的描述(图3-108~图3-111)。

图3-105 红色与黑色是工业设计中的常用色

图3-106 红色应用在交通工具设计中有警示、醒目的作用

图3-107 明黄色可以满足车手们勇敢、无畏、永争第一的心理诉求

图3-108 在不同的环境中淡黄色也会产生微妙的变化

图3-109 蓝灰色与灰色相近,都能体现出汽车的工业感

图3-110 蓝黑色组合的运用使这款汽车显得庄重而又动力十足

图3-111 偏暖色系的色彩搭配使这款车多了几分生活气息

工业设计中,一方面,倾向于选择那些能够暗示出良好材质感的色彩,比如,在木材中,人们喜爱海南的花梨木,这种木材之所以受到追捧是因为它的木质光润、坚硬,又有美妙的纹理和细腻的变化,其色彩也十分沉静和温和,相比之下,其他树种的木材很难找到与之相比的木色,当然,该树木生长缓慢,也是一木难求的重要因素。另一方面,对于那些约定俗成的类型化色彩的使用也要给予充分的考虑和尊重,比如工业产品的金属属性多数以深浅不同的灰色呈现,而早期的金属制品则是黄铜的颜色,只有见到这类颜色才能使购买和使用者放心(图3-112~图3-116)。

图3-112 在家具设计中,接近原木色的设计,往往能使椅子的形态和功能更加突出

图3-113 温暖的红色与柔和的曲线相结合,使人觉得椅子有很强的包裹性,表现出座椅的舒适性

图3-114 在这款椅子的设计中,黄黑间隔的条纹形成了特色,特别是圆心的红点起到了画龙点睛的作用

图3-115 蓝白色的条格与木框架的橙黄色形成补色对比关系,使椅子变得十分生动

图3-116 椅子的造型元素源于自然,形态丰富有灵性,暗红色又使设计作品恢复了其工业产品的属性

在现代设计中已经有了塑料制品取代金属制品的倾向，因此，各类替代的金属灰就应运而生了。随着科学技术的不断发展和进步，越来越多的新型材料被更加广泛地运用在工业设计之中，这也意味着可以选择和使用的色彩越来越多，无疑，对于设计者来说是一大幸事。此外，个性化追求的加剧以及审美情趣的多元化都使得设计师有了更大的发挥空间和施展才华的天地（图3-117～图3-126）。

虚拟现实技术的发展和使用会对色彩设计起到积极的推动作用，由于设计师能够更自由地根据自己的意愿和设想安排色彩，所以人们能够在那些特殊设备中看到距离现实生活更远的景色，新视像产生影响越大，富有创意的理念和思想就能更快地被接受，并且能更快地介入现实之中。

图3-117　在工业产品的设计中，银灰色显示了产品的金属特性，更容易获得消费者的心理认同

图3-118　这组工业品的设计更强调活泼和生动的造型特质，较单纯的色彩也强化了这一点

图3-119　橘黄色使产品看上去特别温暖

图3-120　产品中的朱红色提手与白色的灯罩、黑色的线形成对比关系

图3-121　柔和的灰色使这款台灯显得很有亲和力

图3-122　蓝色的底托加强了台灯的稳定感

图3-123　透明的紫色灯罩在不同的角度下，色彩的明度和纯度都有所不同

图3-124　点亮后的吊灯在光的照射下呈现出明快的金黄色

图3-125　蓝橙是补色对比，而黑白的加入又强化了明度关系

图3-126　淡淡的光亮呈现出暖灰色，突出了纸张的质感

4. 色彩在环境中流动

随着经济的发展和生活水平的提高，人们对于环境的要求越来越高，无论是我们共同生活的外部大环境，还是每个家庭、个人生活的小环境都有了很大的改善，即便如此，环境设计的水平还比较低，依然停留在满足一般的审美情趣上，千篇一律、千家一貌的状况比比皆是，昨天欧陆风情，今天传统再现，一阵阵的各种概念化风潮还在左右我们，有个性、情趣、创意的设计并不多见，这方面要走的路还很长，对此应该有清醒的认识（图3-127～图3-131）。

图3-127　在室内设计中偏暖的色调使用较多

图3-128　家具的重色与白墙、白柜的淡色形成对比，彩色的椅子成为素色调中的点缀

图3-129 光线使窗帘呈现黄色，与躺椅的紫色形成对比

图3-130 蓝色的墙面与门框的玫红色使房间里的色调富有时尚感

图3-131 暗红色的主调使得房间的颜色十分厚重，白色的镜框、椅子和灯具起到了活跃气氛的作用

就拿室内环境来说，今天所要考虑的设计内容已经有了很大的扩展和延伸，不仅是地面、墙面、天花板、门窗和家具，桌布、窗帘、被单、枕头、碗筷和茶具，甚至床头摆放的花卉都被包括在设计的范围之中。正因如此，室内设计的特殊性也被凸显出来，环境是为了居住而设计的，无论怎样，人都是环境中的主导或主体，他们的感觉、需求、反应才是最重要的。如果说人生就是一场表演，那么环境则是衬托这场漫长表演的舞台布景，布景或华丽或淡雅，是由场地中的人物决定的，任何时候、任何情况下对于背景的盲目突出和喧宾夺主都是不足取的（图3-132~图3-135）。

理想的设计是居住者生活愿望和精神追求的充分体现，也是行为轨迹和意识状况的完整表达。如果离开了具体的人或具体的家庭就无法评价一个设计作品的好与坏。那些已经成型的样板间和规范化的设计模板仅提供了可以参考的基本样貌，是设计的最小单元，如果盲目地照搬和机械地拼凑，只能陷入千户一面、没有个性的尴尬局面。因此，设计方案是在对于委托方深入研究的基础上而产生的风格选择，规划布局、家具样式、软装硬饰和色彩细节等都是具体和有针对性的策划，是最佳决议。

图3-132　室内设计中墙面的淡绿色与被褥的粉紫色形成对比

图3-133 蓝色与白色的组合使设计有了浪漫和诗意的情趣

图3-134 淡蓝和淡绿在光线的映射下使房间里充满了温馨的感觉,暖色的沙发与之形成对比

图3-135 沙发、地毯和窗帘都使用了较灰的淡蓝色,一定程度上弱化了深蓝色墙面与橘色地板形成的强烈对比

一般来说，在室内设计中要有比较明确的层次概念，地面和墙面是背景的背景，用来衬托室内大件的家具用品，而其他小的物品用具，如灯具、靠垫、台布等又被家具所衬托。从形态和面积来看是由大至小的，从色彩和调子来看是由灰到纯、深浅变化的，中国人偏爱明亮的大背景，墙面、顶面和地面多会使用白色或较淡的色彩，就像中国画中的留白，明亮的白色留下了更多的想象空间，也给人天地广阔和深远的视觉感受，而在西方的室内设计中却不乏明度较深的重色，强调色彩交汇与对比，表现了环境的丰富和凝重，我们从中国画与油画的区别中似乎也能感受到各自的情趣和追求有所不同。艺术上的追求只是风格的差别，并没有好坏和高下之分，今天，也有许多年轻人喜欢鲜明和较重的颜色（图3-136～图3-143）。

图3-136　乳白色的主色调使房间的感觉清新、明快，壁炉和椅子的重色又破除了白色的单调感

图3-137　同样用白色作为主调的厨房，使人觉得洁净和舒适

图3-138　暖灰色的主色调让人感受到室内的温馨，淡蓝色增加了色彩的丰富感，白色的鹦鹉摆件和黑色的书强化了明度对比

图3-139　淡淡的粉色与蓝色形成对比关系，也增加了室内的空间感

图3-140　略显古旧的家具与明快的墙面、窗户形成对比，房间里既明亮又安静

图3-141　房间里家具和生活器皿的色彩都在设计范畴内

图3-142　书籍的摆放也是设计的重要部分

图3-143　以白色为主调的设计并不简单，墙面、床具、床品的色彩及质感形成了对比与变化

层次意味着前后的位置和区别,其实在学习绘画和设计的过程中,对于层次的理解和安排始终是需要注意的重要问题,古典绘画中的层次就是空间的建立,而近大远小的透视关系是建立空间的基础。在现代艺术中,尽管透视的深远感被减弱和压缩了,空间的变化更多被表现在平面的关系中,但是,层次一直存在。

色彩明度、纯度、形状、位置都会影响每一种颜色在画面中的重要度。控制好色彩就完成了设计工作比较重要的一个部分(图3-144~图3-149)。

图3-144 房间中使用的色彩不宜过纯

图3-145 蓝灰色在室内设计中较多使用,接近天空的色调,让人有贴近自然的感觉

图3-146 舒适、自然的原木色在室内设计中广泛使用

图3-147 深蓝色暗示了房间主人与海洋的关系

图3-148 红墙面与门的颜色形成对比,有意变化的黄色与蓝色使房间里富有生气

图3-149 中国人偏爱较明亮的颜色,欧美人更容易接受偏重的色调